广东乡村集萃系列丛书

广东物产

广东省人民政府地方志办公室 编

华南理工大学出版社
·广州·

图书在版编目（CIP）数据

广东物产 / 广东省人民政府地方志办公室编．—广州：华南理工大学出版社，2019.10

（广东乡村集萃系列丛书）

ISBN 978-7-5623-6029-2

Ⅰ.①广… Ⅱ.①广… Ⅲ.①特产–介绍–广东 Ⅳ.①F762.7

中国版本图书馆CIP数据核字（2019）第119494号

Guangdong Wuchan

广东物产

广东省人民政府地方志办公室　编

出 版 人：	卢家明
出版发行：	华南理工大学出版社
	（广州五山华南理工大学17号楼，邮编510640）
	http://www.scutpress.com.cn E-mail: scutc13@scut.edu.cn
	营销部电话：020-87113487　87111048（传真）
策划编辑：	王魁葵　刘志秋
责任编辑：	王魁葵
印 刷 者：	雅昌文化（集团）有限公司
开　　本：	787mm×1092mm 1/16　印张：19.5　字数：512千
版　　次：	2019年10月第1版　2019年10月第1次印刷
印　　数：	1～1300册
定　　价：	128.00元

版权所有　盗版必究　　印装差错　负责调换

《广东乡村集萃系列丛书》编委会

主　任： 陈华康
副主任： 丘洪松　刘　卫　刘　波　朱立学
成　员（以姓氏笔画为序）：
丁伟志　王　涛　王　傅　王道钰　邓翠萍　田　亮　吕汉光
朱正国　朱雄文　刘　波　刘路红　许志国　孙　林　孙少娜
李文蔚　杨立勋　邱家秋　张世开　陈　岚　陈子新　陈宏亮
陈宝德　罗会明　郑安兴　钟伟基　钟涓泓　洪志勇　姚佑雄
莫秀吉　黄小晶　黄荣超　戚兴华　彭建伟　曾秀兰　颜　琳
主　编： 陈华康
副主编： 刘　卫　刘　波　朱立学　陈泽泓

《广东乡村集萃系列丛书》编辑部

主　任： 刘　波　曾秀兰
副主任（以姓氏笔画为序）：
王　傅　王晓亮　刘　珂　许志国　孙　林　张　莹　萧艳娥
戚兴华　颜　琳
成　员（以姓氏笔画为序）：
王洁娟　卢博希　华姝姝　李学英　林欣捷　林徐鹏　顾书娟
郭小娜　黄　璐

《广东物产》编写组

王　傅　李小敏　王洁静　胡　玲　刘梦舒　林莉群　付慧婕
郑俊茂

《广东物产》审查小组

朱立学　曾秀兰　颜　琳　孙　林　许志国　戚兴华　王　傅
侣同壮

九

广东物产

前　言

乡村振兴是党的十九大作出的重大决策部署。建设产业兴旺、生态宜居、乡风文明、治理有效、生活富裕的乡村，是实施乡村振兴战略的总要求和总目标。党中央、国务院发布的《乡村振兴战略规划（2018—2022年）》指出，中华文明根植于农耕文化，乡村是中华文明的基本载体。深入挖掘农耕文化蕴含的优秀思想观念、人文精神、道德规范，结合时代要求在保护传承的基础上创造性转化、创新性发展，有利于在新时代焕发出乡风文明的新气象，进一步丰富和传承中华优秀传统文化。广东省委、省政府制定《关于推进乡村振兴战略的实施意见》，把乡村振兴摆在全省工作的"重中之重"。

广东省人民政府地方志办公室自2015年起开展全省自然村落历史人文普查，覆盖全省13万多个自然村，普查项目包括村落由来、建置沿革、姓氏人口、生产经营、物产资源、传统建筑、风俗习惯、文物非遗、人物等40个大项200个小项，为全面摸清广东乡村历史人文资源迈出坚实的一步，以普查资料编纂的《全粤村情》《驿道乡情》《广东省精准扶贫村情集成》系列图书陆续出版；组织多彩乡村主题教育实践活动，建立服务乡村数据库，带动全省地方志系统开发利用普查资源，打造项目多达400项。普查与乡村振兴战略高度契合，省地方志办把握新时代地方志事业发展战略机遇，制定了《开发利用自然村落普查资源 助力乡村振兴战略工作方案（2018—2020年）》，利用村落普查资源优势，对全省数亿文字的普查资料进行结构化开发利用，开发一批反映乡村人文历史及乡土风情的文化产品，助力乡村振兴战略。其中，"广东名村系列丛书"和"广东乡村集萃系列丛书"就是省地方志办策划、组织编撰的乡土文化普及读物，在全省自然村落普查的基础上，组织各地方志办推荐部分历史悠久、文化深厚、特色突出的村落，报送相关图文资料，再经项目编写组选录编撰。丛书执简驭繁，以图文并茂的形式，从不同角度展现广东乡村的悠久历史、乡土风情和文化魅力。

美在乡村，情系乡土。植根于乡土的乡村文明史，如一组绵延不断的歌诀从远古吟咏而来，深深影响着人类文明的发展，是维系乡村社会的精神纽带。在工业化、城镇化进程加快的今天，农耕生活已渐渐远去，但几千年的农耕文明已深植于民族血脉。开发利用村落历史文化资源，传承弘扬乡土文化，参与推动广东乡村文化振兴、产业振兴、生态宜居的持续发展的伟大事业，是地方志系统发挥自身价值、践行文化自信的重要举措。

丛书展现的村落，应当是富有特色、深具代表性的，限于篇幅，还有很多文化底蕴深厚、乡土风情浓郁的村落未能逐一呈现。乡村是一本深邃博大的书，阅不尽，耐寻味，这正是乡村带给人们的魅力所在。她们就像散落在南粤大地上的珍珠，闪耀着温润恒久的光芒，更像是阅尽千古世事却又精神焕发的耆老，叙说着乡里乡情。如果，您能从丛书中领略到广东乡村人文之美，感悟到乡土文化的内涵，激发您走近她，了解她，进而热爱她，愿意为振兴乡村添砖加瓦的话，就是丛书编撰的初衷和美愿了。

目录

广州	瑶台三宝 / 002
	八音锣鼓 / 004
	炭步槟榔香芋 / 006
	深井霸王花 / 008
	笔村糯米糍荔枝 / 010
	萝岗甜橙 / 012
	仙进奉荔枝 / 014
	增城丝苗米 / 016
	蕉门红番薯 / 018

深圳	沙井蚝 / 020
	油角 / 022
	光明三宝 / 024
	客家凉帽 / 026
	坪山金龟桔 / 028

珠海	唐家湾茶果 / 030
	淇澳银虾酱 / 032
	唐家麦记饼食 / 034

白蕉海鲈 / 036
黄金风鳝 / 038
横山鸭扎包 / 040

汕头	潮阳剪纸 / 042
	潮阳姜薯 / 044
	井都菜脯 / 046
	峡山熏鸭脯 / 048
	盐鸿薄壳米 / 050
	达濠鱼丸 / 052
	金玉三捻橄榄 / 054
	仙城束砂 / 056

佛山	石湾公仔 / 058
	大沥沙皮狗 / 060
	陈村粉 / 062
	乐平雪梨瓜 / 064
	乐平大包 / 066

韶关
和村糍粑 / 068
仁化玉扣纸 / 070
仁化凡口铅锌矿 / 072
龙归淮山 / 074
南雄板鸭 / 076
南雄黄烟 / 078
南雄白果 / 080
清化粉 / 082
始兴石斛 / 084

河源
紫金春甜桔 / 086
蓝塘猪 / 088
五指毛桃 / 090
龙川铷矿床 / 092

梅州
酿豆腐 / 094
潮塘千年古梅 / 096
平远黄粄 / 098
百侯薄饼 / 100
五华长乐烧酒 / 102
兴宁高山茶油 / 104
西河老鼠粄 / 106
银江金针菜 / 108

惠州
中洞咸茶 / 110
平海鱼饼 / 112
罗浮山酥醪菜 / 114
柏塘山茶 / 116

汕尾
梅陇有机米 / 118
公平牛肉脯 / 120
虎噉金针菜 / 122
九龙生姜 / 124
坑口芋头 / 126
梅陇莲藕 / 128
陆河木瓜 / 130

东莞
东莞荔枝 / 132
莞香 / 134
东莞千角灯 / 136
东坑阴菜 / 138
麻涌香蕉 / 140
道滘裹蒸粽 / 142
冼沙鱼丸 / 144
荔枝柴烧鹅 / 146

中山	黄圃腊味 / 148
	神湾菠萝 / 150
	五桂山沉香 / 152
	东升脆肉鲩 / 154
	海洲鱼饼 / 156
	小榄荼薇花 / 158
	小榄荼薇酒 / 160
	西罟石硖龙眼 / 162

江门	杜阮大顶凉瓜 / 164
	罗氏柑普茶 / 166
	米团糍 / 168
	江门铜虾 / 170
	东艺宫灯 / 172
	古井烧鹅 / 174
	新会陈皮 / 176
	外海面 / 178
	台山玉 / 180

阳江	阳江豆豉 / 182
	春砂仁 / 184
	大八益智 / 186
	双肩玉荷包荔枝 / 188
	程村蚝 / 190

湛江	乾塘莲藕 / 192
	徐闻菠萝 / 194
	徐闻良姜 / 196
	徐闻南珠 / 198
	徐闻黑山羊 / 200
	下六沙虫 / 202
	沙古菜头仔 / 204
	乌塘广藿香 / 206

茂名	信宜凼仔鱼 / 208
	高州荔枝 / 210
	水东芥菜 / 212
	化橘红 / 214

肇庆	肇庆裹蒸 / 216
	端砚 / 218
	砚洲大头冲菜 / 220
	大湾麦溪鲤 / 222
	江屯龙须菜 / 224
	广宁绿玉 / 226
	潭布番薯干 / 228
	四会油榄 / 230
	四会古法造纸 / 232
	四会人面子 / 234

四会沙糖桔 / 236

岗坪切粉 / 238

清远

龙颈鸡心黄皮 / 240

清远骆坑笋 / 242

清远鸡 / 244

田心鸟笼 / 246

英石 / 248

英德红茶 / 250

竹山粉葛 / 252

连南稻田鱼 / 254

洞冠梨 / 256

阳山鸡 / 258

阳山淮山 / 260

潮州

凤凰单丛茶 / 262

岭头单丛茶 / 264

原种狮头鹅 / 266

钱东盐焗鸡 / 268

双罗竹器 / 270

揭阳

揭阳酱油 / 272

揭西擂茶 / 274

炮台南糖 / 276

揭阳乒乓粿 / 278

靖海豆楫 / 280

普宁豆酱 / 282

云浮

云浮南乳花生 / 284

云浮硫铁矿 / 286

云石 / 288

茶洞擂茶粥 / 290

杨柳黑皮大冬瓜 / 292

郁南无核黄皮 / 294

庞寨黑叶荔枝 / 296

罗定剪纸 / 298

罗定肉桂 / 300

后记 / 302

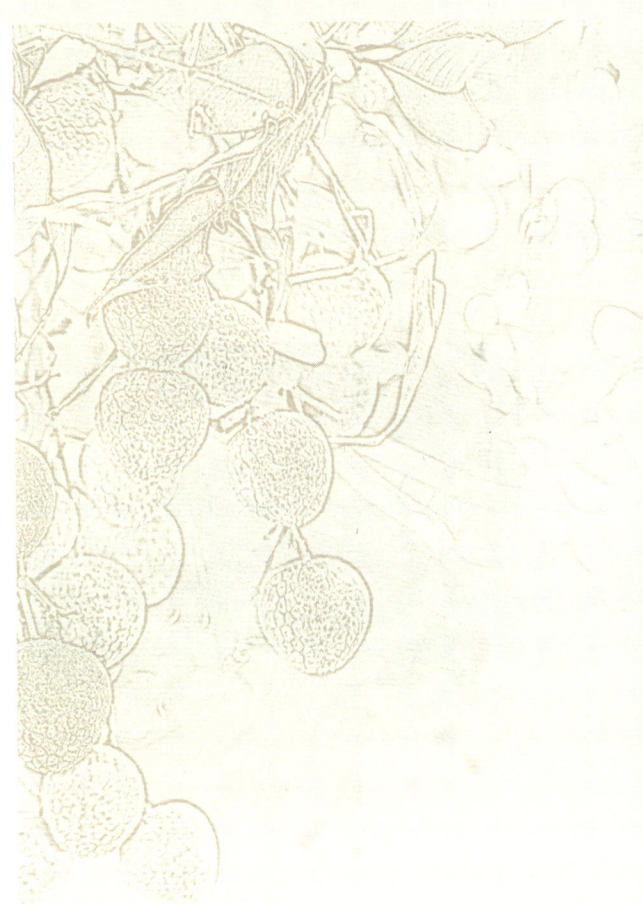

广东物产

广州

瑶台三宝

◎发财鱼蛋（赵瑞莹摄）

◎清汤冬菇（赵瑞莹摄）

物产简介

瑶台三宝，是越秀区矿泉街道瑶台村的名菜。所谓三宝，顾名思义，有三种菜式。其一，是寓意"财源滚滚"和"年年有余"的发财鱼蛋；其二，是寓意"遍地黄金"的清汤冬菇；其三，是寓意"家肥屋润"的瑶台扣肉。这三道菜已经有上百年历史，直到今天，每逢节日、嫁娶等喜庆日子，该地区的人们都会煮这三道菜来庆祝。

瑶台三宝制作工序极其讲究，鱼蛋是融合发菜和剁碎起胶了的细腻鲮鱼肉，发菜与鱼肉水乳交融；冬菇选用粤北地区的野生小冬菇，用矿泉水泡发，然后以上等高汤熬制；扣肉，则要先炸好，再配上独特秘制的调味料焖入味，接着按一块芋头一块猪肉的完美比例摆好放入锅中，炖好后装碟，最后淋上虾酱。

历史典故

相传，瑶台村村民严伯，养了一头猪，膘肥体壮，却因体型太大而卖不出去，只能继续养在家里，但是越养越壮，日后会更难卖，徒然浪费家中粮食。这头猪的去留愁坏了严伯。恰巧此时严伯的儿子娶媳妇，严伯便用这头猪做婚宴的主要食材，他将家里种的芋头和猪肉放在一

◎瑶台扣肉（赵瑞莹摄）

起，创造出一种新菜式——芋头扣肉，作为婚宴上的一道硬菜。宾客们吃过后，都称赞这芋头扣肉香滑可口，美味至极。从此，村民们纷纷模仿制作，这道芋头扣肉逐渐成为瑶台村喜宴上的必备佳肴。

链接

广州市越秀区矿泉街瑶台村，面积约2.81平方千米，下辖瑶台村、王圣堂村和沙涌南村3个自然村。每逢节庆日，如正月十三或十六以及清明、重阳节等，村民都会在祠堂开展祠堂庙会活动。祠堂宴是祠堂庙会的重要组成部分，瑶台三宝是祠堂宴的必备菜肴。

◎瑶台村牌坊（陈林琳摄）

（供稿、复核：越秀区地方志办）

广 州

八音锣鼓

技艺简介

八音锣鼓是珠三角地区传统乐器。所谓"八音",是根据制作材料的性能及发音原理,分为金、石、丝、竹、匏、土、革、木八类乐器。八音锣鼓柜属于八音锣鼓的一种。瑶台村是广州市至今保留着传统的"大标、罗伞、头牌、八音锣鼓柜"整套乐器为数不多的村落之一。该村的八音锣鼓柜是用金漆木刻制成的箱柜,前后装有抬杠,供两人抬柜之用,柜上装有小鼓、铜锣、铜钹、木鱼等敲击乐器,十分精致。最吸引眼球的是孙悟空造型的木偶,敲一下锣会铿锵作响。2014年11月,经国务院批准,八音锣鼓被列入第四批国家级非物质文化遗产名录。

◎八音锣鼓柜(矿泉街道文化站供图)

历史渊源

据记载,八音锣鼓技艺形成于明末清初,有演奏吹打乐、唱八音、锣鼓柜演奏三种形式,由西秦戏清唱班演化而来,广泛流传于广东省粤语地区。该技艺于清光绪后期在瑶台村流行。2016年,越秀区首次将矿泉街祠堂庙会纳入广府庙会,为矿泉街祠堂文化提供展示的平台。在每年的广府庙会期间,瑶台怡苑社在瑶台村怡苑广场献演八音锣鼓,并展示已有80多年历史的大标、罗伞。

◎ 大标（矿泉街道文化站供图）

◎ 八音锣鼓表演（矿泉街道文化站供图）

链接

广州市越秀区矿泉街瑶台村，面积约2.81平方千米，下辖瑶台村、王圣堂村和沙涌南村3个自然村。瑶台村有大小祠堂7座，祠堂文化浓郁，成为当地广府民俗文化影响力较强的村落之一。村内保留有正月十六庆元宵的民俗。正月十六当天，庆元宵的村民会放花炮，仪仗队中还有七星旗、八音锣鼓、醒狮彩青，之后请人表演八音锣鼓和传统粤曲、歌舞等。

◎ 瑶台村闹元宵（瑶台村供图）

（供稿、复核：越秀区地方志办）

广 州

炭步槟榔香芋

◎ 炭步槟榔香芋田（花都区地方志办供图）

◎ 炭步槟榔香芋丰收（花都区地方志办供图）

物产简介

炭步槟榔香芋，是花都区炭步镇传统食品，主要有两大品种：一是红芽仔，产于炭步镇志公庄，主要出产期在中秋节前后，出售的是芋仔；二是香槟芋，产于原炭步镇文冈村，即如今的文一、文二和唐美三个行政村，主要出产期在每年10月至来年春节，出售的是母芋。文冈村的土壤富含磷、钾元素，因而香芋个头硕大，呈橄榄核状；富含淀粉，吃起来有粉糯之感。与别处香芋最大区别是，此芋粉绵，入水会浮在水面。2004年，当地香芋注册"文冈槟榔香芋"商标。2014年，经农业部批准，获得农产品地理标志。

历史典故

炭步槟榔香芋，又称文冈槟榔香芋。文冈之名，源于宋朝，因村旁有一山丘，看起来像撰文之毛笔，于是称此山丘为"文峰"，村子因山命名为"文冈"。

文冈槟榔香芋早已有之，相传古时，皇帝微服出游，来到了炭步圩，尝到了店家推荐的

◎炭步槟榔香芋产品（花都区地方志办供图）

◎采摘（花都区地方志办供图）

"文冈芋头焖扣肉"，对当地芋头赞不绝口。返京之后，下旨让文冈村每年都要进贡文冈芋头。此后，炭步槟榔香芋名扬天下。

链接

炭步镇位于广州花都区西南部，西面与佛山三水区相连，南面与佛山南海区相邻，东面与白云区神山镇接壤，西北面连接赤坭镇。面积达113.32平方千米，下辖27个行政村、1个社区。

（供稿、复核：花都区地方志办）

◎文一村村貌（毕宾成摄）

广 州

深井霸王花

◎盛开的霸王花（黄冬摄）

物产简介

深井霸王花，产于黄埔区长洲镇深井村，是当地著名物产。深井霸王花外形美、味道美。因其外形美，可作为花卉植物，放于家中观赏。因其味道美，可用于煲汤入菜，广受当地人喜爱。在深井村的屋旁、路边种植着一片片整齐的霸王花，构成一幅极具特色的霸王花风景线。

将霸王花制成产品，深井村民有一套独特的制作方法。人工烘干制作霸王花干虽然速度快，时间短，但比较酸涩，难以入口。深井人采用的是自然日晒之法，缓慢晒成霸王花干。这种方法制作出的成品，凸显了霸王花独特的风味，煲出来的汤带有馥郁花香，甘甜醇厚，回味无穷。

◎ 晒干的霸王花（梁结梅摄）

然而有一利必有一弊，选择日晒方式，意味着靠天吃饭。霸王花晒干的时间为农历五月至九月，这段时间晴天多，雨天也多。为了保证霸王花干的品质，村民们必须在晴与雨之间，与天周旋。一日内多次重复晒与收是常事。因此，每年出品的高质量霸王花干的数量有限。

传说故事

相传，早先霸王花并不是食物，只是单纯的花卉植物。某年战乱，一伙兵丁闯入了黄埔长洲，长洲人吓得四散逃命。逃亡过程中，深井村有一个孤寡老人不小心摔断了腿，当场昏死过去。在昏迷之中，老人隐约听到："腿断，可用霸王花茎敷治；腹饿，可食霸王花充饥。"老人清醒后，按照此方法处理，伤腿很快恢复，身子愈来愈强壮。后来，战事平定，村民回村，听说了老人的故事，纷纷食用霸王花来强身健体。

链接

深井村隶属于广州市黄埔区长洲街道，原名金鼎村，位于珠江出海口的长洲岛西南部，与海珠区新洲、番禺区化龙和天河区隔江相望，面积2.635平方千米。

◎ 深井村村貌（黄埔区地方志办供图）

（供稿、复核：黄埔区地方志办）

广 州

笔村糯米糍荔枝

◎笔村荔枝（黄埔区地方志办供图）

物产简介

笔村糯米糍荔枝，是国家地理标志产品。该荔枝果形独特，风味别具一格，其特点是朱丹红、鲍鱼身、龟背状、蚺蛇皮、双肩突起。果蒂侧带有一粒米大小的小青果，果肉厚，焦核（中间核小而通心），爽滑，清甜无杂味，荔香浓郁。

历史典故

关于荔枝名字"糯米糍"的来源,坊间有一个传说。相传笔村的这种荔枝原生长在笔村唐美坊苦螺塘垄,明代,有一位官员巡视笔村,正值酷暑蝉鸣、荔枝成熟的时节,村民忙摘荔枝接待。那官员品尝后,大赞此荔枝肉厚、核小、清甜,犹如"糯米糍"(民间用糯米、生油、白糖制成的一种点心,以香、滑、甜著称)之风味。自此以后,村民就把这种荔枝叫"糯米糍"。笔村糯米糍荔枝被誉为岭南佳果之王,扬名粤港澳。

◎ 剥壳荔枝

链接

笔村属广州市黄埔区东区街道,南宋末年建村,因村后有笔山(今名铜鼓山)而得名。

(供稿、复核:黄埔区地方志办)

◎ 笔村村貌(黄埔区地方志办供图)

广 州

萝岗甜橙

◎甜橙单果

物产简介

萝岗甜橙，简称"萝岗橙"，国家地理标志产品，主要品种为"暗柳甜橙"。"暗柳甜橙"兼有橙、橘、柑的外形，在广州民间被描述为"高身橙、光身橘、扁身柑"，虽然外观普通，体积较小，核多且大，但其果实汁液丰盈，口不留渣，清甜，具桂花香味，耐贮藏，这些成为萝岗甜橙区别于其他橙类的最大优点。

◎萝岗甜橙（何新摄）

历史典故

萝岗种植甜橙,有500多年的历史。萝岗甜橙每颗果实的底部均有一"回"字形暗圈,犹如胎记,验明"正身"。该图案相传源于南宋时期,萝岗的种橙始祖钟汝贤上京赶考,与文天祥共居一客舍。钟汝贤带有一袋家产的甜橙,拿出来与文天祥分享,文天祥吃后,赞叹不已,并即时赋诗吟咏。此事后为皇帝所知,便指定岭南进贡。相传,进贡时,在每个萝岗甜橙底部都按上圆圈印记,作为贡品的标记。

链接

最早种植甜橙的地方,是广州市黄埔区萝岗街道萝峰社区。萝峰社区于2005年4月撤村改居,面积约11平方千米,管辖12个经济社,居民以钟姓为主,亦有罗、韩等姓。

◎萝峰社区风貌(黄埔区地方志办供图)

(供稿、复核:黄埔区地方志办)

广州

仙进奉荔枝

◎仙进奉荔枝（增城区地方志办供图）

物产简介

仙进奉荔枝，又称胭脂红，属于荔枝优质品种，产于增城区，传说曾经是进贡朝廷的贡品。仙进奉荔枝的果皮鲜艳，呈大红色，果汁丰沛，为广州市农业局主推的荔枝品种，被认证为广东省绿色产品和无公害农产品。2011年，被确认为国家地理标志产品。2015年，仙进奉荔枝荣获国家绿色食品认证。

◎基岗村村貌（增城区地方志办供图）

◎仙进奉荔枝文化节（增城区地方志办供图）

历史典故

传说清康熙年间，基岗村有位村民邀请在县衙任职的表哥品尝胭脂红荔枝。表哥品尝后认为此为荔枝中的佳品，为取悦上司，他将胭脂红荔枝日夜兼程运送到京城康熙皇帝的宠臣曹寅家中，并讲述东晋葛洪曾经在村里炼丹的故事。曹寅食后，觉得此荔枝名副其实，味道清甜，于是献给皇上。此后，朝廷命令基岗村年年进贡胭脂红荔枝，胭脂红荔枝因此大名远扬。

链接

基岗村，又名基裘岗，位于广州市增城区仙村镇中部，面积6.047平方千米，下辖13个合作社。因仙进奉荔枝名扬海内外，被称为"仙进奉之乡"。

（供稿、复核：增城区地方志办）

广州

增城丝苗米

物产简介

增城丝苗米是增城特色农产品之一，以原产地朱村丹邱出产的为佳。丝苗米稻谷细长、米泛丝光，故称丝苗，属优质籼稻品种，素有米中碧玉、中国米王之誉，与增城挂绿荔枝齐名。1992年10月4日《羊城晚报》载，朱村泰稷牌丝苗米在我国香港参加国际食品博览会评比，经来自世界60多个国家和地区的3000多个厂家比对，以其独特优势征服评委，获国际食品博览会金奖。这是中国大米在国际评比中首次获得金奖殊荣。2004年9月20日，经国家质检总局批准，增城丹邱丝苗米被确认为国家地理标志产品。2018年，经国家工商总局商标局核准，丝苗米被注册为国家地理标志证明商标。

◎丹邱村丝苗米稻田（杨颖欣摄）

◎丹邱丝苗米（王傅摄）

历史渊源

增城丝苗米早在清朝末年就已驰名海内外。据赵俊在清嘉庆二十五年（1820年）编纂的《增城县志》记载，明嘉靖年间，白水山栖云寺和尚云游四方，带回各地稻种在白水山上与野生稻杂交，培育出"谷壳金黄色，米粒细长，晶莹洁白，米泛丝光"的丝苗米。后经当地农民引种、扩种，声名远播。

链接

丹邱村，位于广州市增城区朱村街道北部，现有18个经济合作社，耕地面积2.38平方千米。丹邱村人文、历史和自然资源非常丰富，森林、湿地、瀑布、飞泉、禽鸟、古树名木、历史文物等均保护良好，山上四季分明，山下四季如春，是一个天然的生态园。

◎丹邱村村貌（增城区地方志办供图）

（供稿、复核：增城区地方志办）

广 州

蕉门红番薯

物产简介

蕉门红番薯栽培历史悠久，出产于地理位置和气候、土壤条件特殊的黄阁镇蕉门村，因皮肉均呈红色而得名，据说清末曾是贡品。薯体圆径4—5厘米，薯长15—20厘米，薯重100—150克。具有薯体均匀、含糖分高、淀粉低、纤维少等特点。生食有苹果、马蹄的风味，熟食则香、甜、软、滑兼具，是一种优质且极具地方特色的农产品。2010年6月，获得广东省食品行业协会授予"广东岭南特色食品"荣誉称号。

◎蕉门红番薯丰收（麦胜天摄）

◎蕉门村村貌（南沙区地方志办供图）

◎蕉门红番薯（南沙区地方志办供图）

传说故事

传说渔民雷涧因老父病重，需每天到"大山㟟"山上采药给父亲治病。后因渔船损坏不能出海打鱼，雷涧在山下开垦耕地，吃睡在田头。当时"大山㟟"边的骑龙岗下有一条清澈的山涧从山上流到田中，他们一家饮着山涧清澈的流水，靠种植番薯自给自足。父亲病好后，雷涧一家把自己的亲戚朋友都带来，在此耕作定居，建成村庄，并把番薯种植作为重要的农业作物。

链接

蕉门村，位于广州市南沙区黄阁镇南部，大山㟟脚下。这里三面环山，有肥沃的沙质土壤。有一水道出口在附近，穿流在南沙黄山、鲁山与大山㟟山之间，取名蕉滘。蕉门村是蕉门河一河两岸中心地带，也是南沙区政府所在地。

（供稿、复核：南沙区地方志办）

深圳

沙井蚝

物产简介

沙井蚝产自著名蚝乡——深圳市宝安区沙井街道。沙井街道位于珠江口咸淡水交汇之地，自然条件非常适合蚝生存。在优质自然条件下生长的沙井蚝，个体肥大，色泽乳白，富含蛋白质和维生素，含碘量高，闻名港澳和东南亚，是深圳著名的物产之一。

◎ 捕蚝（程建摄）

◎ 蚝壳墙（何囿摄）

◎ 沙井街道鸟瞰（孙明摄）

◎蚝民在海边养蚝（程建摄）

◎晒蚝（程建摄）

历史渊源

东晋以来，中原先民移居沙井开村立业。先民们利用沙井面临珠江口海湾得天独厚的水土资源优势，或刀耕火种，或捕鱼捉蚝，古代沙井农渔业、蚝养殖业由此产生并逐步发展起来。

沙井从宋代开始插杆养蚝，距今有1000多年的历史，是世界上最早人工养蚝的地区。清乾隆年间，朝廷取消盐场，以陈姓为主的沙井盐民利用石头、瓦片等养蚝，发展成沙井蚝业。在长期的发展过程中，沙井蚝业形成了打山口、流水定作息、集体协作等生产习俗和蚝壳砌墙、上香礼拜天后的生活习俗，有一整套成熟的养殖和加工技术，生产程序有种蚝、列蚝、搬蚝、散蚝、开蚝等。

链接

沙井街道，位于深圳市宝安区，隔茅洲河与东莞市长安镇相望，素有"蚝乡"之称。

（供稿、复核：宝安区史志办）

深圳

油角

◎ 包油角（塘尾社区党群服务中心供图）

物产简介

油角又叫油角仔，属于年节食品，流行于广东大部分地区。深圳市光明区凤凰街道塘尾社区的油角有其特色，其做法是，用米（面）粉加上水、油、鸡蛋拌匀制成角皮，把和好的面团碾成薄片，用圆形玻璃茶杯做模具，做出一片片圆形角仔皮，逐片包裹内馅（内馅常有白糖、油炸花生碎、芝麻、榄仁、椰蓉、冰肉）捏成半月形角子。与包饺子不同的是油角不用褶边而是锁边，对折黏合后，用指甲沿边一路轻捏成麻绳状，然后文火适度煎炸即可。

◎ 一起包油角（塘尾社区党群服务中心供图）

◎ 包好的油角（塘尾社区党群服务中心供图）

历史发展

油角，形状像荷包（钱包），取钱包饱胀的好意头。油角五味调和、咸甜适当，寓意人丁兴旺、花开富贵、合家平安、万事大吉，寄托着人们的美好心愿，为民间过年必备的食品。每年距春节还有半个月之时，家家户户就要开油锅、炸油角，寓意来年的日子也像油角似的油油润润、富富足足。如今，油角也穿上时代的新衣，换上了现代的包装。老塘尾的中老年人见到油角，都不禁会回忆起20世纪50—60年代家家开油锅，人人炸油角的热闹场景；青年后生拿起油角，总会询问它的来由，听长辈们讲它的故事；外来人吃着油角，在感到新鲜的同时，也体验到在异乡过节的情趣。

链接

塘尾社区，隶属于深圳市光明区凤凰街道，总面积6.17平方千米。600年前，麦氏祖先在此立村时，村前有一个水塘，大家在水塘后安居乐业，因此命名为塘尾村。塘尾村世居村民为广府民系，现存120座传统民居。旧民居以巷子为中轴，宗祠是整个村落的核心，民宅在宗祠和巷子两侧，一个院落挨着一个院落。现存有乐善麦公祠、仰逢麦公祠和行义麦公祠。塘尾历史上屡出武士，后人承袭武艺、勤耕苦读、热血守土。社区大门的牌坊气势恢宏，两侧对联"塘承先祖其昌世代宗华夏；尾继后昆福祉脉支溯炎黄"。

◎塘尾社区牌坊（李皓琼摄）

（供稿：陈三峰；复核：吴燕）

深圳

光明三宝

◎ 光明三宝（光明区史志办供图）

物产简介

光明区饮食文化丰富多彩，其中可圈可点的是光明三宝。所谓三宝，就是光明红烧乳鸽、甜玉米和鲜奶。三宝之一的光明乳鸽，被称为"天下第一鸽"，其最大的特色是皮脆、肉嫩、骨香、鲜美多汁。乳鸽吃法讲究，须趁热整只吃，不可切开，否则香味损失大半。三宝之二是光明甜玉米，其味道独特、含糖量较高，是当地人热衷的食物之一。光明甜玉米按其含糖量分为普通甜玉米、超甜玉米和加强甜玉米三种类型。三宝之三是光明鲜奶，光明鲜奶品类繁多，其中较为出名的是牛初乳。牛初乳香飘滑腻，有浓郁的牛奶香味，炖好的牛初乳盛放在陶瓷盅内，会凝结出乳白色的乳液，用勺子一搅像豆腐花。

历史渊源

光明三宝,源于光明农场。作为国营农场,光明农场大规模地发展了种植业和养殖业。该农场出产的乳鸽、玉米和牛奶,加工成红烧乳鸽、金银玉米和炖牛初乳等食品,因为味道甚佳,成了热销产品,广受食客欢迎。因此,也就有了"光明三宝"之说。

链接

2007年8月19日,深圳市正式设立光明新区,为深圳市第一个功能区。2018年9月19日,光明区正式挂牌成立,总面积156.1平方千米,下辖光明、公明、新湖、凤凰、玉塘、马田6个街道办事处,31个社区。

(供稿、复核:光明街道办)

◎光明区风貌(韦建诚摄)

深圳

客家凉帽

物产简介

客家凉帽是客家妇女常备的遮阳用品。历史上，龙华区甘坑社区凉帽村是生产历史最久、生产规模最大、花式品种最多、生产技术最先进、生产工艺最精湛的凉帽生产加工基地。客家凉帽制作从开始的原材料竹子的采集，到制作工具竹刀、磨具的成形，到竹签的削平、晒干、上桐油，再到帽帘的剪裁、褶皱，最后到整个凉帽的完成，有33道工序。每一道工序都由手工制作。客家凉帽采用的原材料多是生长期为一年的单竹，这种竹子口径大、竹节长，一般长约80厘米，最长可达120厘米，不老不嫩，韧性好，非常适合用来制作凉帽。

凉帽的帽帘为黑布，帽箔是竹子的本色。凉帽按规格分为大中小三种。大号凉帽直径60厘米，一般中年妇女喜欢用；中号凉帽直径50厘米，一般老年妇女喜欢用；小号凉帽直径42厘米，未婚女性喜欢用。凉帽箔按照竹篾片宽度分为大小两种，篾片宽0.5厘米的为粗纹凉帽，一般为中老年妇女使用；篾片宽0.25厘米的为幼纹凉帽，多数为姑娘喜欢，特别是新婚女子喜欢用作结婚礼品。凉帽顶箔编织的花纹，普通的有"满天星"和"娥眉花"，复杂的有"福禄满堂""风调雨顺"等字或图案。

按照当地风俗，编织和佩戴凉帽穗均有讲究。比如，从帽穗颜色可以区分佩戴者是未婚还是已婚：未婚女孩的凉帽花带花穗为白色，已婚少妇的凉帽花带花穗为红色，中老年妇女多用

◎客家凉帽的制作（龙岗区客家民俗博物馆供图）

◎头戴客家凉帽的姑娘（唐永国摄）

青色、黑色或红绿黑多色混合。2013年9月，客家凉帽制作技艺被列入省级非物质文化遗产保护名录。

◎客家凉帽（龙岗区客家民俗博物馆供图）

历史典故

关于客家凉帽的民间传说，众说纷纭。有名的传说有三：

其一，东坡说。相传苏东坡被贬惠州时，一日携爱妾游花园，为不使爱妾受日晒，特制"中开一孔"之竹笠，以适应爱妾的发髻。爱美之心人皆有之，当地妇女觉得很美，纷纷效仿制作，于是客家凉帽就出现了。

其二，公主说。传说在战乱年代，北方难民纷纷南逃。公主也混在难民当中，被敌兵追捕的公主眼看性命不保，当地客家妇女便将竹帽半成品扣在公主头上，用黑布头巾往竹帽上一搭，挡住了公主脸庞，拉她在田间劳作，公主因此幸免于难。竹帽加上黑布，便成为客家凉帽的前身。

其三，遮面说。农耕社会，客家妇女需要下地劳动，但封建礼教规定妇女不可抛头露面。有帽帘的凉帽便应运而生，既可劳作，也可遮面，外出就可避免违俗。后来此帽不断改良，便成了客家女性专用凉帽样式。

链接

凉帽村位于深圳市龙岗区吉华街道，是客家凉帽主要产地，是吉华街道甘坑社区下辖的一个自然村，东接上李朗村，西至秀峰工业城，南靠上水径村，北邻甘坑新村。该村始建于清嘉庆年间，因当地村民世代以编织凉帽为生而取名凉帽村。

（供稿：王中平；复核：谭智仁）

◎2018年6月27日，龙岗区吉华街道"甘坑凉帽"非遗文化艺术节开幕式演出（龙岗区文化广电旅游体育局供图）

深圳

坪山金龟桔

物产简介

坪山金龟桔，产于坪山区金龟村，相传是湘赣交界山地的客家人移植于此。该桔外皮金黄，有自然龟裂的褐色花纹，纹路纵横，酷似龟背，故名"金龟桔"。在民间，龟被视为有灵性的吉祥之物，寓意长寿，粤方言中"吉""桔"同音，金龟桔遂成为人们寿宴、祭拜和送礼的佳品。金龟桔皮薄、易剥、汁多、籽少、味甜，但种植面积不大，仅限于坪山至坑梓一带。

◎金龟桔（邱建摄）

◎金龟村村民制作的墙画（廖开昌摄）

◎ 1987年1月13日的《深圳特区报》曾刊登"金龟桔产量丰收"的新闻（坪山区史志办供图）

历史渊源

金龟桔原是坪山出口创汇的主要水果品种，最多时年产量3万多千克，曾因产量丰收被《深圳特区报》刊登报道，主要销往中国香港和东南亚等地区。改革开放后，坪山大片林地被征用发展交通和建立工业区。如今，金龟桔基本上已消失，欲品尝金龟桔，只能翻山越岭，遍寻金龟村山地，方可找到几棵散株。

链接

深圳市坪山区金龟村，面积13.85平方千米，有7个自然村，世居村民为客家人。金龟村村民居住形式以小集中、大分散为主，居住较为集中的居民点包括黄桷堡、牛长坡脚、张家湾、古楼房、牛房嘴、书房堡、螃蟹屋基、尹家大院8个居民点。位于该村的螃蟹屋基水库属国家小（一）型水库，水域面积达16万平方米，蓄水量138万立方米。

（供稿：坪山区石井街道办金龟社区工作站；复核：坪山区石井街道办）

◎ 金龟村村貌（刘锦城摄）

珠海

唐家湾茶果

物产简介

茶果是唐家湾地区对糕点的一种俗称。唐家湾物产丰富，当地人民既从事农业，也从事渔业。经过长期的实践，当地村民创造出多种富有本土特色的地方美食，其中以唐家湾茶果最为出名。唐家湾茶果在民间流传了几百年，花色品种繁多，其中有名字可考者60多种，至今仍在坊间广为流传的有大龙糕、豆捞、菜角、煎堆、糖环、生粳糕、叶仔、栾樨饼、萝兜粽、五指揸、芋糕、萝卜糕、银糕、崧糕、食饼、糖熬米、页糕（千层糕）、茶果汤等40多种。2010年6月，唐家湾茶果被选为珠海市非物质文化遗产代表作。

◎叶仔（珠海高新区文化中心供图）

◎大龙糕（珠海高新区文化中心供图）

◎唐家湾镇鸟瞰（邓卫芳摄）

◎萝兜粽（珠海高新区文化中心供图）

◎豆捞（珠海高新区文化中心供图）

历史渊源

唐家湾茶果的本源与祭祀相关，所以茶果一般按年节制作，以按诞期供奉。比如，大龙糕于正月初一制作，豆捞于正月初七制作，甜羹圆于正月十五制作，生粳糕于三月三"上巳节"制作，栾樨饼于四月初八佛诞日制作，碱粽、萝兜粽于端午节制作，煎堆于七月十四盂兰节制作，芋糕于八月中秋节制作，银糕和菜角等于冬至制作。此外，村民还把茶果用作亲戚朋友之间的节庆贺礼和回礼。

链接

唐家湾镇位于珠海市北部，珠江口西岸。北面、西面毗邻中山市南朗、三乡两镇；东面近珠江口，和香港大屿山隔海相望；南面、西南面与香洲区前山街道界涌村、东坑村及翠香街道的神前村相接。该镇是首个以近代历史遗迹成功申报中国历史文化名镇的古镇。

（供稿：珠海高新区社会保障和公共事业局；复核：珠海市地方志办）

珠海

淇澳银虾酱

物产简介

◎ 淇澳银虾酱（珠海高新区文化中心供图）

淇澳银虾酱，流传于珠海市唐家湾镇淇澳岛淇澳村，是具有地方特色的调味品。淇澳岛地处珠江入海口，风光秀美，气候宜人，物产丰饶，聚居村民靠山吃山，靠海吃海，世代亦渔亦农，既耕种，又在浅海捕捞渔获。每年农历八至十月为银虾汛期，近海银虾大盛。但银虾最大亦不足2厘米，细而无味，多而价贱，因此被用来作酱料原料。起初，渔民将小虾与粗盐混合捣烂以佐餐。随着制作技艺不断成熟，虾与盐的搭配比例、发酵时间长短逐渐固定下来，形成了今天风味独特的淇澳银虾酱。好的银虾酱颜色紫红，呈胶状，气味鲜香无腥味，酱质细，无杂质，盐度适中。用来蒸五花肉、炒通菜、炒饭，香气扑鼻，味道绝佳。2014年，淇澳银虾酱制作技艺被列入珠海市非物质文化遗产代表作名录，传承人钟爱强。

传说故事

相传古时候，南海龙王的七女亚珠，携两仙童私游凡间，被珠海香炉湾美景吸引，流连忘返，后还与青年渔哥海鹏相恋。其间，为方便独自去约会，亚珠把两仙童亚翠、亚银安置在淇澳岛游山玩水。两仙童由此与村民结下深厚情谊。有一年，岛内闹饥荒，为帮村民度过危机，亚翠凭自身有限的法术，化作青绿的西洋菜供村民充饥，而亚银把自己化作银虾仔，从其他海域吸引同类过来让岛民捕捞。

链接

淇澳村位于珠海市唐家湾镇东北部淇澳社区。该村始建于南宋淳祐四年（1244年），第一批村民从福建、台湾、南雄珠玑巷迁移到此地定居。因"远望如旗张于海外"而名"旗纛澳"，后于明嘉靖年间改名奇独澳，清朝末期，村中族老认为"独"字义不佳而取名淇澳。淇澳银虾酱制作技艺形成于南宋，虾酱是唐家湾的特产之一，与蚝油齐名，享誉省内外。20世纪80年代后，随着经济发展及填海等地域环境变化，唐家湾地区虾酱制作日渐式微，唯淇澳村还有较多村民制作。

◎非遗传承人用竹擂搅拌瓦盆中的银虾酱原料
（珠海高新区文化中心供图）

◎淇澳村村貌（聂思伟摄）

（供稿：珠海高新区社会保障和公共事业局；复核：珠海市地方志办）

珠海

唐家麦记饼食

◎素五仁月饼（珠海高新区文化中心供图）

物产简介

唐家麦记饼食是流传于珠海市唐家湾镇一带的传统食品，是在珠三角地区流传了数百年的传统广式糕饼基础上，由唐家湾"麦记饼店"创始人许文锦于20世纪30年代加以改进，许文锦之子许华祥将其发扬光大，融合传统广式糕饼以及西饼制作方法，独树一帜，在唐家湾享誉80余载，且蜚声港澳地区。因唐家湾华侨众多，唐家麦记饼食通过唐家湾华侨的散播，在海外华人华侨群体中也有着良好的口碑。唐家麦记饼食花色繁多，具代表性的有八种：素五仁月饼、豆沙月饼、豆沙酥饼、酥角、油酥、酥蛋角、花生芝麻饼、酥皮鸡仔饼。2016年5月，经珠海市人民政府批准，唐家麦记饼艺被列入珠海市第九批市级非物质文化遗产代表作名录。

历史渊源

1920年，八岁的许文锦随父亲从顺德辗转到唐家湾，从小跟随父亲学习制作在珠三角地区流传了数百年的广式传统饼食，并在实践中加以改进，糅合传统广式糕饼、北方糕饼、西式糕饼的制作方法，他终于创出独特的产品，成为唐家湾传统饼食的代表人物。1932年，"锦记"糕饼铺在唐家大同路29号开业。1980年，老字号"锦记"重开，更名为"祥记"。2005

◎鸡仔饼（珠海高新区文化中心供图）

◎油酥（珠海高新区文化中心供图）

年，"祥记"正式更名为"麦记"。麦记饼店经营的10余年来，坚守传统饼食的手工制作工艺，坚持精选用料，得到广泛的赞誉。有一久居海外的唐家湾老华侨回国时，吃到麦记的唐家湾传统饼食，竟然泪流满面："就是这个味道，就是童年的味道。"

链接

唐家湾镇位于珠海市北部，珠江口西岸。下辖唐家、唐乐、鸡山、后环、银星、那洲、永丰、淇澳、北沙、会同、宁堂、官塘、下栅、上栅、东岸、金峰16个社区。2017年总人口127543人。镇政府设在唐家村内。唐家湾镇有唐绍仪故居、苏兆征故居、唐家三庙抗日纪念碑等文物古迹。

◎唐家湾鸟瞰（肖治文摄）

（供稿：珠海高新区社会保障和公共事业局；复核：珠海市地方志办）

珠 海

白蕉海鲈

◎ 海鲈丰收（李至 摄）

物产简介

"江上往来人，但爱鲈鱼美。君看一叶舟，出没风波里。"从范仲淹的诗作《江上渔者》中，可以感受到捕捉味道鲜美的鲈鱼的辛劳。鲈鱼品种甚多，有江鲈也有海鲈。白蕉海鲈出产于白蕉镇泗益村、四顷围村、禾丰村、虾山村等村。该鲈鱼体长，侧扁，背腹面皆钝圆；头中等大，略尖；吻尖，口大，端位，斜裂，上颌伸达眼后缘下方。喜欢栖息在河口咸淡水交融处，亦能生活于淡水中。味道鲜美，具有较高的营养价值、食用价值和观赏价值。

历史发展

2009年，经国家质检总局批准，白蕉海鲈被确认为国家地理标志产品；2011年，斗门区获得"中国海鲈之乡"称号，白蕉海鲈的知名度、美誉度也不断提升。目前，白蕉海鲈无论是深加工冻品还是鲜活产品，都远销世界各地，受到广大消费者的喜爱。

链接

白蕉镇位于珠海市斗门区东部，西与井岸镇隔黄杨河相望，东与中山市神湾镇隔磨刀门水道相对，南邻珠海大道，北与莲洲镇为邻。全镇总面积178平方千米，耕地面积6260万平方米。下辖33个行政村、3个社区。2017年，"白蕉海鲈"获评中国百强农产品区域公用品牌，白蕉海鲈产区被评为广东省首个中国特色农产品优势区。

◎海鲈分拣（郑坚锡摄）

◎海鲈养殖（斗门区党史办供图）

（供稿：斗门区地方志办；复核：珠海市地方志办）

珠海

黄金风鳝

◎ 果木熏黄金风鳝（张洲摄）

物产简介

黄金风鳝，又称青鳝、鳗鲡、河鳝，是淡水名贵鱼类之一，被誉为"水中人参"。因体型肥大、肉嫩，富含脂肪、蛋白质等营养物质而畅销港澳地区和日本。珠海市斗门区井岸镇黄金村海湾是黄金风鳝主要生产基地。风鳝喜暗怕光，昼伏夜出，喜欢在风雨中游戏，适应性很强，离水较长时间也不会死亡。农历八月至十月是风鳝收获季节。

风鳝的烹饪，既可清蒸，又可红烧。清蒸时，先剖腹去内脏，再去头尾，用刀切2—4厘米长连接小段，放在盆中，加入黄酒、姜、葱、油等佐料，蒸煮后即可食用，既嫩又鲜且肥，十分可口。红烧时，将切成小段的风鳝先下油锅炸成金黄色，捞出；用另一锅放入猪油、白糖、酱油等佐料，炒成枣红色时，再将炸好的鱼段倒入，烧熟后放上笋片、香菇等配料，再用水和淀粉勾芡，淋上熟油后即可装盘食用，油而不腻，鲜中带肥，香嫩可口。

传统技艺

每年农历九月至第二年二月，藏在海底的风鳝便会回到咸淡水交融的黄金村鸡啼门河繁殖。渔民们利用特制渔具放置于河中便能捉到风鳝，此项技能在当地有个专有的名称——装风

◎黄金风鳝（方茂摄）

鳝。装风鳝乃传统生产技艺，被列入斗门区第三批非物质文化遗产名录。装风鳝技艺有三道程序：一是备木桩、织（购）罾；二是安装罾棚，包括竖木桩和放置罾；三是择时作业。其中，罾的织造结构十分独特，装罾习俗及尺度异常讲究，若有失当，或会劳而不获。

链接

黄金村，位于珠海市斗门区井岸镇西南部。东邻鸡咀村，西接草朗村，北连东明村，与长乐村、新堂村相邻。该村以捕捞业为主，种养业为辅。作业渔场有珠江口附近的万山、荷包，台山附近的上、下川；还有广海口、乌猪、潻洲、崖门口等。渔获品种除黄金风鳝外，还有泽鱼、带鱼、狮头鱼、青鳞、马鲚等。

◎黄金村村貌（斗门区井岸文化站供图）

（供稿：斗门区地方志办；复核：珠海市地方志办）

珠海

横山鸭扎包

◎横山鸭扎包（卢焕堂摄）

物产简介

横山鸭扎包包括鸭脚包、鸭下巴包（俗称鸭下铲包）和鸭翼包，均用鸭脚、鸭下铲、鸭翼、鸭肝、鸭肠和肥猪肉采取独特的方法腌制晾晒，捆扎而成。每年中秋前后，北风渐起，天气逐渐干燥，横山当地人便开始制作鸭扎包。立冬前后，气温较低、雨水少、空气干燥、光照强烈，是生产鸭扎包的黄金季节。秋冬"腊味飘香"的季节，莲洲"横山鸭扎包"进入制作销售旺季，产品畅销各地，成为餐桌佳肴、送礼佳品。近年来，当地政府采取划拨专项经费、举办美食节、加强宣传推介等一系列措施，以确保这一传统手工技艺能够得到有效保护和传承。2013年12月，横山鸭扎包被列入广东省第五批非物质文化遗产名录。

◎横山鸭扎包（斗门区地方志办供图）

历史渊源

1944年,横山鸭扎包的创始人叶润钊在当地一间叫"常得发"的餐馆帮工。每年秋天,餐馆便会晾晒很多的腊鸭出售,每天会剩下许多鸭脚、鸭翼以及鸭内脏。他偷偷学会了餐馆师傅腌制腊鸭的方法,把鸭脚、鸭下巴、鸭翼、鸭肝、鸭肠和猪肉腌制后晒干,并捆扎在一起,横山鸭扎包由此而来。

链接

横山村隶属珠海市斗门区莲洲镇横山行政村,东与三家村隔河相望,南邻南青村,西靠新益村,北接新埠村。自然资源主要有黄沙蚬、禾虫、田螺、河虾、蚌。特色农产品有无渣粉葛、竹芋、冬瓜、蕉芋、红皮薯。横山鸭扎包生产技艺为该村周边一带的村民所掌握。

◎横山村村貌(卢焕堂摄)

(供稿:斗门区地方志办;复核:珠海市地方志办)

汕头

潮阳剪纸

◎ 剪纸作品《做桃粿》（黄少琼作，潮阳区文化馆供图）

◎ 剪纸作品《红船领航新时代》（陈雁淑作，陈雁淑摄）

物产简介

剪纸是潮阳民间艺术中的一朵奇葩，历史悠久，与潮阳英歌舞、潮阳笛套音乐并称潮阳民间艺术三瑰宝。潮阳剪纸大多采用阳剪，剔除较多的空白面积，花样繁多，风格独特，古朴传神，线条纤细，形象逼真。潮阳民间剪纸艺术来源于生活，题材非常广泛，不管是花鸟虫鱼、飞禽走兽，还是戏曲人物、市井百姓，都能变为栩栩如生的艺术作品，基本上可归纳为：供品礼品花、民间神话故事、传统戏曲人物等。潮阳民间剪纸的艺术特点，造型灵活，构图以对称为主，饱满而不杂乱；结构严谨，刀法精巧细腻，"阳剪"纹线工整细致，"阴剪"线条粗壮有力，交替使用线条，粗细相破相助，有"花中套花"的布局，疏密有致，玲珑剔透。潮阳剪纸流传区域甚广，练榕两江平原、大南山区等地有不少剪纸能手，尤其是铜盂、西胪、和平和贵屿等镇最为活跃，潮阳剪纸在各大展览中也多次获奖。1997年潮阳被命名为广东省民族民间艺术（剪纸艺术）之乡。2006年，潮阳剪纸被列入国家级非物质文化遗产名录，为全国十三类剪纸之一。

◎剪纸作品《潮之韵·游行》（许遵英作，潮阳区文化馆供图）

历史渊源

剪纸由中原人南迁带来，并与潮阳的民俗相结合而存在、发展。在潮阳民俗活动中具有很高的实用性，常用于民间传统节日、寿辰及婚姻嫁娶的礼品上，还用作祠庙和日用品的装饰，寓意吉祥。

◎潮阳剪纸省级传承人在国外教授剪纸（潮阳区文化馆供图）

链接

潮阳为粤东古邑，位于广东省东部沿海，区位优越，历史悠久，人文荟萃，是潮汕文化的典型代表，也是岭南历史文化的重要组成。其传统文化绚丽多姿，源远流长。剪纸能手较多的镇有铜盂镇、西胪镇。

（供稿：潮阳区地方志办；复核：汕头市地方志办）

◎铜盂镇镇貌（潮阳区文化广电旅游体育局供图）

汕头

潮阳姜薯

物产简介

潮阳姜薯状似淮山而略小，一般长20厘米左右，粗5厘米左右，皮薄肉白，粉多且有黏性，品种以"长蒂"为上乘，被誉为"玉薯"。冬末春初是姜薯收获季节。在潮阳，春节办年货，姜薯和柑橘是必不可少的。回乡探亲的华侨华人及港澳台同胞都喜欢带些家乡的姜薯让家人、亲友品尝，唤起游子眷恋故土的乡思。

◎姜薯（潮阳区地方志办供图）

姜薯种植对土地有较严格的要求，事前要花费较大的精力来整地，所以种植姜薯的人很少。潮阳区处于沿海丘陵、平原地区，自南向北呈平原—山地—平原地貌，拥有练江水系、榕江水系以及独流入海的大湖坑小河。在榕江南西岸三角洲平原分布着金灶、关埠、西胪、河溪等镇（街道），地势开阔平坦，河汊水系蛇曲发育，土质多为亚黏土的泥质田或间于沙壤土和亚黏土之间，适合姜薯种植。潮阳姜薯以河溪镇新乡村、上坑村和西胪镇岩前村的姜薯最为有名，新乡村、上坑村年种姜薯20万—26.7万平方米，平均亩产1.5吨左右。2016年，经国家质检总局批准，潮阳姜薯被确认为国家地理标志产品。

◎姜薯种植地（潮阳区地方志办供图）

历史渊源

清雍正年间《惠来县志》记载,"为芋、为姜薯、为苏木、为甜薯、为葛薯。"其中的"姜薯"就是指姜薯。潮阳人喜食姜薯,有除夕"围炉"和正月初一吃甜姜薯,初一至元宵以甜姜薯汤款待客人的民俗。在潮阳人的心目中,姜薯汤不只是一般的食品,它象征着甜蜜、美满、吉祥和幸福,是喜庆宴席上常见之佳品。潮阳人吃姜薯很是讲究,有多种吃法:将其刨片煮甜汤,卷曲酥脆,滑润清爽;切块甜炆,清甘可口,风味独特;碾成薯泥,可作甜食、馅料;如若将薯泥拌上糖,做成桃、杏、柿等五种果品的形状,可随时蒸热吃,姜薯五果,是喜宴上的佳肴。

◎姜薯甜汤(潮阳区地方志办供图)

链接

河溪镇、西胪镇地处榕江下游南岸,位于汕头市潮阳区西北部,是潮阳区乃至汕头市的农业大镇。河溪镇有姜薯、甘蔗、莲藕、香芋、生柑、姜等特色产品,盛产蚝、膏蟹,保存着始建于北宋的大型水利建设工程"十八古井",有海棠古观、方厝局等古迹。西胪镇有西胪乌酥杨梅、海淡水产品、竹笋、莲藕、姜薯等特色产品。

◎河溪镇鸟瞰(潮阳区旅游局供图)

◎西胪镇鸟瞰(潮阳区旅游局供图)

(供稿:潮阳区地方志办;复核:汕头市地方志办)

汕头

井都菜脯

物产简介

萝卜干，又名"菜脯"，是潮汕有名的开胃菜。潮汕地区立冬后，将新收获的白萝卜通过晒、腌、藏三道传统工序后制成菜脯。菜脯富含维生素，开胃消食，以其独具风味的口感为人所喜爱。

井都镇濒临南海，是汕头市有名的蔬菜大镇，大部分土地由滨海半流动沙土聚积而成，土层深厚松散，气候温和适宜种植萝卜。井都萝卜有数百年的栽培历史，现白萝卜种植面积约191万平方米，有早、晚品种之分，早萝卜有马耳、长叶2个品种，晚萝卜为南畔州品种。优质的白萝卜表皮光滑不开裂，皮薄，色泽饱满健康，握在手中有重量、有厚实感，肉白，细腻，含水分高，晒出来的菜脯口感甘香酥脆，颇负盛名。井都特产的菜脯色泽碧黄鲜艳，肉厚酥脆，味道鲜甜，可调煮多种潮汕汤菜，是时尚佐膳佳品。"食糜配菜脯"，是过去物质紧缺年代潮汕人普遍的生活状态，对现代人来说，菜脯成了化解油腻、清理肠胃的理想食物。若烤制蛋饼或烹煎鳝鱼、海鳗时，加上少许菜脯粒，可增添风味。夏天煮冬瓜汤时，加点菜脯，有消暑功效。

◎井都菜脯（潮南区地方志办供图）

◎田间收获的萝卜（潮南区地方志办供图）

◎萝卜干（潮南区地方志办供图）

◎腌制菜脯（潮南区地方志办供图）

◎腌制并封藏的菜脯（潮南区地方志办供图）

传统技艺

井都菜脯有其独特的腌制方法，制作一般是在冬至前后，要经过晒、腌、藏三道工序。刚腌制好开封的菜脯称为新菜脯，皮嫩，色泽金黄，咸香脆口。菜脯便于储存，用罐装密封保存即可，如用传统土制的坛子装，可常年存放，更有利保鲜并保存其独特口感。存放一年以上的菜脯称为老菜脯，呈油蜡琥珀色，皮薄肉软，甘香味美。

链接

井都镇位于汕头市潮南区最东部，濒临南海，是潮南区唯一有港口的镇。井都镇地处沿海低丘地带，属亚热带季风气候，形成蔬菜种植、禽畜饲养、水产养殖、海洋捕捞、水产品加工五大主导产业。

◎井都镇鸟瞰（井都镇党政办供图）

（供稿：潮南区地方志办；复核：汕头市地方志办）

汕头

峡山熏鸭脯

物产简介

峡山熏鸭脯是潮汕地区传统食物之一，肉质腊红，鸭骨甘酥，表皮柔嫩，肥而不腻，醇香适口，以梅酱或麻油作蘸料，是佐酒和下饭的佳肴，历来为宴客送礼佳品。20世纪60—90年代，当地人乔迁新居、结婚等喜事的回礼几乎都要备熏鸭脯。中央电视台专题纪录片《舌尖上的中国》也曾对峡山熏鸭脯进行报道。

其制作，一是挑选优质肥嫩活鸭，生长期70—100天，体重1.5—2千克为宜。二是压扁鸭体，将鸭放血去毛清除内脏后，沥干水分，放于砧板上，背朝下腹朝上，脚翅向内弯曲，使劲下压成扁形，头部伸展，成"秦琴"状。三是腌卤，压扁后的鸭体用鲜竹片"米"字形撑开，放进卤缸腌制，腌卤时间长短随天气冷热而异，冬天放卤时间以24小时为宜，夏天则要长些。四是晒熏，经过腌卤的鸭体要晒干或晾干，去净水分，脂肪收缩后放于竹制熏桶内熏烤。熏桶内置有炭炉，炉上加甘蔗渣，上面覆盖湿蔗皮，先旺火后文火，熏烤2—4小时即可。

◎ 鸭脯成品（潮南区党政办供图）

◎ 出炉晾干（潮南区党政办供图）

◎鸭脯熏制（潮南区党政办供图）

历史渊源

相传清朝期间潮汕一带盛产甘蔗。勤劳节俭的潮汕人将废弃的甘蔗渣作为燃料，燃烧甘蔗渣烟熏鸭肉，味道出奇地好，鸭肉带甜，入口甘香满盈。从此这道菜肴就在潮汕地区流传，至今已有300多年历史。世事变迁，熏鸭脯亦因工序繁复几近失传，只有极少数人继承了制作熏鸭脯的手艺。

链接

峡山熏鸭脯主要产地峡山村，位于汕头市潮南区峡山街道东部，户籍人口2万多人。主要有周、陈、萧、苏、张姓。该村始建于明嘉靖四十二年（1563年），周氏先祖周光命从潮阳县峡山都图溪乡迁居此地，明大理寺卿周光镐于明万历二十四年（1596年）致仕归家，于此定居。

◎峡山村村貌（黄伟雄摄）

（供稿：潮南区地方志办；复核：汕头市地方志办）

汕头

盐鸿薄壳米

◎薄壳米（盐鸿镇政府供图）

物产简介

薄壳，又称凤眼、海瓜籽，属贝壳类海产品，是生于海滩泥沙里的软体动物，薄壳米就是去壳的海瓜籽，是南国海滨独特的海鲜美食。未加工的薄壳呈长圆形，浅褐色，因其肉体丰厚、壳薄而得名，农历七八月间的薄壳肥大可口、肉嫩味鲜，为最佳采捞期。盐灶人加工薄壳米历史已久、技艺高超，其加工的薄壳米颗粒朱红，鲜嫩美味，远近驰名，因物美价廉、老少皆宜而深受人们喜爱。

传统技艺

薄壳米的制作工序复杂，要通过脱丁、浸漂、打米、捞米、捞壳、装篓等多道工序才能制成，而脱丁和打米是制作中最难的两步。脱丁即使用竹尺长时间搅拌将薄壳、足丝和泥沙分离，使得足丝脱离薄壳，经验老到的师傅能够巧妙将其分离又不伤及薄壳。打米是将8根小竹交叉绑成"前四后四"钉耙状，在大锅内匀速来回翻搅，壳肉便能分离，要保持薄壳肉的鲜甜要掌握好火候，过猛，薄壳米肉汁尽失而缩成一团；太微，壳肉分离速度慢而导致碎壳过多。保证薄壳米新鲜美味的传统技艺正是渔民不断探索、代代相传的劳动和智慧结晶。

◎渔船出海采捞薄壳（李向荣摄）

◎刚采捞的薄壳（李向荣摄）

链接

盐灶乡（自然村）又称"新港埠"，位于汕头市澄海区盐鸿镇东北部，地处南海之滨，自古生产加工潮汕独特海味——薄壳米。盐鸿镇是远近闻名的"薄壳米之乡"。盐灶乡为规模较大的自然村落，面积约1.6平方千米，人口约2.3万，现分设为港头社区及上社、中社、上厝行政村。"拖老爷"是盐灶乡最具特色的民俗活动。

◎盐灶乡一角（盐鸿镇政府供图）

（供稿：澄海区地方志办；复核：汕头市地方志办）

汕头

达濠鱼丸

物产简介

达濠鱼丸作为潮汕的老字号小吃由来已久。达濠鱼丸选料上乘，制作技艺独特且讲究，主要以濠江本港优质海鱼，如蛇鲻鱼（那哥鱼）、马鲛鱼、海鳗等优质海鱼为原材料，通过起肉、剁碎、拍打起胶、挤压以及煮制等步骤精制而成。其中，拍打是最关键和最难的步骤，通过拍打让鱼肉的胶质慢慢渗出，如果拍打不够而胶质不吐，鱼丸制成后就会松散而没有弹性；如果拍打过度，则鱼浆变老且鱼丸会失去脆嫩的质感。经这几道工序制作出来的鱼丸，雪白浑圆、富有弹性、口感酥脆、味道鲜美，成为潮汕人餐桌上的美味，馈赠亲友的佳品。2018年，经国家质检总局批准，达濠鱼丸被确认为国家地理标志产品，濠江区"鱼丸制作技艺"被列入广东省第七批非物质文化遗产名录。达濠鱼丸以其独特风味和优良品质而声名远扬，不仅深受潮汕人的青睐，也畅销海内外。

历史典故

达濠鱼丸来源典故有三。其一，相传南宋时期皇帝为避战乱南迁，在达濠驻留，皇帝极喜欢吃鱼，而一旦被鱼骨噎到便会将厨师砍头，为此厨师们整天提心吊胆。一次，一名老厨生气地用刀背对鱼猛剁，突然发现鱼的肉刺分离，灵机一动便将肉挑出来并进行摔拍搓丸烹饪，制成鱼球，称"鱼脍"，深受皇帝喜爱。其二，相传清顺治年间，达濠马滘人邱辉为反

◎达濠鱼丸（濠江区地方志办供图）

◎煮制鱼丸（杨毓添摄）

◎鱼糜制品展示（陈杨摄）

抗清政府而投奔郑成功，后据守达濠10年，其母双目失明，进食不便却又极喜食鱼，邱辉便命厨子刮取鲜马鲛鱼肉，摔拍制成鱼球供其母食用。鱼丸味道鲜美，邱辉还经常用来宴客酬宾，郑成功偶然品尝，誉之为"天南奇珍"。郑成功败退台湾，也将鱼丸制作技艺传至宝岛，即今日的"台湾鱼丸"。其三，相传清咸丰年间，民间艺人梁晶合在鱼丸传统的制作技术基础上，不断地探索和研究，创造出一整套优质鱼丸的制作工艺，完成了"达濠鱼丸"质的飞跃，食客赞誉"得味一尝三拍掌，闻香十步九回头"。

链接

达濠鱼丸制作技艺以达埠村最负盛名。达埠村位于濠江北岸，汕头市濠江区达濠街道西北部，古称踏头埔，后改为达埠，主要包括濠滨、达濠、达埠三个社区，户籍人口约3.5万人。该村有省级文物保护单位达濠古城墙，有市级文物保护单位吴氏家庙（红字祠和乌字祠）。传统特色食品还包括鱼糜制品、糖葱薄饼、米润、双拼朥饼、节庆粿品等，其中，苏州街的元裕糖葱饼食被中央电视台专题纪录片《舌尖上的中国》节目报道。

◎达埠村村貌（陈基跃摄）

（供稿：濠江区地方志办；复核：汕头市地方志办）

汕头

金玉三捻橄榄

◎ 金玉三捻橄榄（李逸夫摄）

物产简介

三捻橄榄，又名三棱橄榄，原产于汕头市潮阳区金灶镇，在汕头市有150多年的栽培历史。橄榄属橄榄科常绿乔木果树，是南方特有的亚热带果树。金灶镇独特的气候、土壤、环境条件孕育了独特的珍稀名果三捻橄榄，三捻橄榄是橄榄中一个名优珍稀品种，其果实成熟时呈椭圆形，因蒂端略呈三棱又名三棱橄榄；果皮呈金黄色，光滑，肉质爽脆而不粘核，味道甘香而无涩味，嚼后满口生香，堪称橄榄之珍品。2008年三捻橄榄被确认为国家地理标志产品。

历史典故

唐朝人刘恂在《岭表录异》中记载："橄榄树枝皆高耸，其子深秋方熟，南人重之，生咀嚼之，味虽苦涩而芳香胜于含鸡香也。"可见，潮汕先民嗜食橄榄果由来已久。潮汕话中"三捻"与"三棱"含义相同，但在俗语中"三捻"比"三棱"能更贴合该果品的形象，因而民间更习惯称之为三捻橄榄。

◎ 三捻橄榄吉祥物雕塑（金灶镇政府供图）

◎刚采摘的三捻橄榄（李逸夫摄）

链接

金灶镇位于汕头市潮阳区西北部，地处榕江南岸，东接关埠，西北接揭阳，南与隔山的谷饶、贵屿有公路相通。金灶镇地处小北山下之山丘、平原地带，共有4个社区和59个行政村，总面积78.9平方千米。三捻橄榄规模化生产源于金灶镇西南部的官坑村和芦塘村，两村山地面积826万平方米，其中，三捻橄榄种植面积36.7万平方米，2017年总产量3.25吨，是金灶镇三捻橄榄的主产村和重要集散地，也是汕头市农业生产特色产品三捻橄榄规模化示范村。

◎金灶镇一角（潮阳区文化广电旅游体育局供图）

（供稿：潮南区地方志办；复核：汕头市地方志办）

汕头

仙城束砂

物产简介

仙城束砂是汕头市潮南区仙城镇经典传统小吃，是一种具有潮汕地方特色的糖果，至今已有100多年历史。其选料讲究，以精选的花生仁和白糖为主要原料，以合乎规格的优质花生米配以不稀不干的糖浆，按一定比例搅拌精制而成，而半成品的束砂在裹上白糖衣后还需打磨表面，称之为摇束砂。成品的束砂呈白色糖衣包裹的颗粒状，糖衣厚薄均匀、洁白、酥脆，而炒制的花生质地松脆，味道香甜，配以潮汕工夫茶，十分美味，深受旅居各地的潮汕人喜爱。经过包装，可以保存较长时间，是潮汕地区节日食品和送客佳品。

◎土特产展示现场的束砂（许昕摄）

◎ 仙城束砂（潮南区地方志办供图）

◎ 束砂礼品（仙城镇党政办供图）

历史渊源

仙城束砂由来已久。清同治年间，今潮南区仙城镇人赵嘉合，巧妙地用花生仁加糖浆，摇簸制成颗粒状的糖果，这便是仙城束砂的雏形。因风味独特，携带方便，仙城束砂颇受青睐，销路日渐扩大。此后，各地纷纷仿制，但质量和口感都比不上赵嘉合的仙城束砂。至清光绪年间，仙城束砂已名闻遐迩，当时曾流传："仙城束砂香又甜，清爽可口惹人尝，束砂一碟茶一泡，潮汕风味胜山珍。"彼时的仙城束砂，已成为送礼佳品。

链接

仙城镇隶属汕头市潮南区，位于大南山北麓的潮、普、惠三区县（市）交界处，总面积约55平方千米，现有人口约9.5万，下辖41个自然村，其中友南村是最负盛名的仙城束砂产地。友南村位于仙城镇东面，始建于1927年，距离镇政府约0.2千米，村民主要为赵姓，始祖赵五千于元至顺元年（1330年）从福建迁至广东大长陇村，至三世赵碧川于明建文元年（1399年）移居仙门城，生三子，长子赵松轩，居仙门城寨内，后子孙枝繁叶茂，创友南村。

（供稿：潮南区地方志办；复核：汕头市地方志办）

佛山

石湾公仔

物产简介

石湾公仔亦称石湾艺术陶瓷，是石湾镇的特色传统陶瓷工艺品。石湾公仔的制作技艺秉承中国传统艺术，充分吸收国画写意手法的精髓，强调夸张和概括。陶塑题材广泛，既体现乡土生活气息，又取材于神话故事，主要分为写实和夸张两种手法，作品呈现雄浑粗犷、质朴率真的特点。陶质运用上分为素胎和上釉两大类型，如塑造人物肌肤以不施釉的陶泥"胎骨"表现，使人物的人性特点更栩栩如生；而其上釉别具一格，釉色浑厚斑斓，重神似且造型生动。石湾公仔以极具地方特色和民族性的艺术特点受到国内外消费者的喜爱。2006年，石湾公仔被列入首批国家级非物质文化遗产名录。2010年，石湾公仔正式注册为地理标志证明商标；2013年，石湾公仔被确认为国家地理标志产品。

◎《黄飞鸿》（庞文忠作品，禅城区档案局供图）

◎《举杯邀明月》（冼艳芬作品，禅城区档案局供图）

◎《乘龙妈祖》（黄松坚作品，禅城区档案局供图）

历史渊源

石湾公仔历史悠久，据石湾"河宕贝丘遗址"的考古证明，5000多年前当地居民已有制陶的迹象，其产生可追溯到新石器时代晚期。唐宋时期，由于对外贸易的发展，石湾公仔远销东南亚、日本等地。到了明清时期，石湾公仔的发展进入繁荣阶段，产品种类繁多，逐步分支出动物陶塑、器皿造型、园林陶艺、人物及微塑五大类。据记载，当时方圆几千米的小镇有陶窑107座，陶瓷行业从业人数6万多人，《明诗综》记载："石湾瓦，甲天下，旁及海外之国"，足以体现当时石湾陶瓷的重要地位。清朝，石湾生产了各式各样的日用陶瓷品和风格独特的美术陶瓷，既在岭南一带畅销，又通过"海上丝绸之路"远销至东南亚各国。

链接

石湾镇位于佛山市禅城区东南部，面积28.32平方千米，常住人口约33万，下辖12个行政村和27个社区，历史底蕴深厚，素有"南国陶都""中国陶瓷历史文化名城""中国陶瓷艺术之乡""中国民间文化艺术（陶艺）之乡"等称号，是世界上为数不多的陶瓷经济发达、陶瓷文化源远流长且保持较为完整的地区之一。辖内有全国重点文物保护单位——五百年薪火不断的南风古灶，还有广东石湾陶瓷博物馆、莲峰书院、丰宁寺、公仔街以及众多艺术馆、大师工作室等文化旅游资源。

◎石湾公园（王颖尧摄）

◎石湾公仔街（应如摄）

（供稿：禅城区地方志办；复核：佛山市地方志办）

佛山

大沥沙皮狗

物产简介

沙皮狗又称"大沥犬""打（斗）犬"或"中国斗狗"，是世界稀有犬种。其外貌明显特征是皮肤松弛，形成大量褶皱。幼龄沙皮狗的皱皮遍布全身和四肢，尤其是头部、颈部和躯干部。随着沙皮狗逐渐长大，其四肢皱褶会逐渐减少。成年狗的皱褶仅限于头部和肩部，面部有一条明显的皱褶，自眼角沿面颊直至嘴。沙皮狗头上有"寿"字形皱纹，肩部皱褶非常有利于沙皮狗挣脱来自身后的攻击。在性格上，沙皮狗警惕、聪明、威严、骄傲且自信。

历史发展

沙皮狗是一个古老而独特的中国犬种，但近年来其质量及数量都面临危机。20世纪60—70年代，沙皮狗品种改变，市面上出现了同一个名字下3种外形不同的沙皮狗类型，导致标准不一，种质混乱。另一方面，沙皮狗目前在原产地和全国的状况不容乐观，数量显著减少，面临灭绝危机。目前，南海区大沥镇沥北社区和雅瑶社区的村民养殖沙皮狗，保护和传承该名犬品种。

◎ 沙皮狗（钟顺萍摄）

链接

佛山市饲养沙皮狗风气较盛者,当属南海区大沥镇沥北社区。该社区位于大沥镇北部,地理位置优越,交通便利,广三高速公路、桂和路、联江路、沥雅路、环镇二路等主干道贯穿其中。东与雅瑶毗邻,南和沥中相接,西与沥西、松岗相连,北和里水镇相邻,总面积4.1平方千米,现有耕地面积130万平方米。下辖7个自然村,17个村民小组。其中的大沥表村养殖原种骨嘴型沙皮狗已有500多年历史。2000年大沥表村被南海市确认为沙皮狗品牌村。

◎沙皮狗在小憩（潘钰云摄）

◎大沥表村村貌（南海区地方志办供图）

（供稿：南海区地方志办；复核：佛山市地方志办）

佛 山

陈村粉

◎陈村粉制作（杨芳摄）

物产简介

陈村粉，是佛山市顺德区陈村镇的传统食品，1927年由陈村人黄但创制。因制粉精良，"但"与"旦"音形相近，黄但被陈村人称为"粉旦"，"陈村粉"也被称为"黄但粉"。陈村粉选料讲究，主要由优质大米经过浸、磨、蒸、切四个步骤制成，制成的陈村粉厚度只有0.5—0.7毫米（普通的粉厚度都在1毫米以上）。陈村粉具有香、薄、韧、柔软、通透、洁净等特点，可与多种食材搭配，入口爽滑美味，回味无穷。

历史渊源

自1927年至今，陈村粉已有90余年历史。自创制始，陈村粉就以其薄、软、滑、韧而远近闻名。为确保陈村粉的正宗风味，历代传人均恪守"寄赖糕香合客喉，但求粉滑宜君口"的祖训，坚持传统制法，坚守家传工艺，一路传承。随着时代发展，陈村粉的烹制方法已由传统的几种，增至近70种，而且风味各异，多数食客反馈称其中的凉拌粉、捞粉、蒸粉口味最佳。因为声名远扬，陈村粉已被列入顺德区级非物质文化遗产名录。

◎陈村粉（杨芳摄）

链接

陈村粉最负盛名的产地是旧圩社区，位于佛山市顺德区陈村镇繁华商业中心地段，是史上有名的"谷埠"，古称"龙津"，社区面积约1平方千米，现有4个居民小组，3100多户，常住人口11000多人。社区内有重修于清咸丰年间的垂虹桥和重修于清嘉庆年间的酿泉桥等文物保护单位，2011年被评为广东省优秀文化社区。

◎陈村粉制作用具——青石磨（杨芳摄）

（供稿：顺德区地方志办；复核：佛山市地方志办）

◎旧圩社区鸟瞰（陈村镇政府供图）

佛山

乐平雪梨瓜

◎雪梨瓜（三水区地方志办供图）

物产简介

乐平雪梨瓜是香瓜的一种，是三水区乐平镇本土名优物产。乐平雪梨瓜在民间素有"蜜糖埕"的美誉，以其香气浓郁、爽甜多汁、纤维细、风味佳等优点名闻遐迩，每年热销珠三角及港澳等地，成为乐平的一大特色名片。乐平雪梨瓜富含果酸、果胶、氨基酸、胡萝卜素和维生素，是夏秋消暑佳品，深受广大消费者的欢迎和喜爱。

历史发展

雪梨瓜在乐平有相当长的种植历史，早在明末清初已有种植，到20世纪七八十年代已经有一定的种植规模。经多年发展，2010年，乐平镇雪梨瓜种植面积达到1000多万平方米，产量超过1.8万吨，是三水区知名特色品牌农业产品。目前乐平镇海丰村建有广东省最大的雪梨瓜无公害种植基地。2009年，经国家质检总局批准，乐平雪梨瓜被确认为国家地理标志产品。

链接

乐平镇位于佛山市三水区中部，距广州35千米，面积198.5平方千米，户籍人口8.46万人，下辖14个行政村和3个社区。文化旅游资源丰富，拥有中国历史文化名村——大旗头古村，以及宝苞农场、侨鑫生态园等景点，同时是全国百强镇、广东省智能制造示范基地，主要发展太阳能光伏、汽车零部件、电子电器、自动化机械及设备、医疗器械等产业，先后获得广东省教育强镇、广东省卫生镇和广东省重点发展中心镇等称号。

（供稿：三水区地方志办；复核：佛山市地方志办）

◎雪梨瓜瓜园（三水区地方志办供图）

◎乐平雪梨瓜国家级栽培标准化示范区（三水区地方志办供图）

佛 山

乐平大包

◎乐平大包（三水区地方志办供图）

物产简介

乐平大包，是三水区乐平镇远近闻名且有百年历史的著名包点，已被列入三水区非物质文化遗产名录。它外形大如圆盘、状如白花，每个净重8两（400克），如酒楼的茶壶大小，成年人吃上一个便可吃饱。吃的时候，一般用刀切成四份。大包面质松软，馅料有五花腩、鸡肉、冬菇、沙葛、鸡蛋等。蒸好后，馅料的汁水渗入松软的面团中，食客先尝到的是面香，再是汁水的味道，最后才是馅料本身的味道，让人回味无穷。2018年南粤古驿道世界定向排位赛暨亚洲定向杯现场，乐平镇展示了由乐平大包组成的"寿"字图案。

传统技艺

乐平大包制法，第一步就是制作馅料，大包的馅料包括鸡肉、五花腩、半只鸡蛋、香菇、沙葛等，除鸡蛋外，所有馅料都要放在一起爆炒，然后放凉。大包面皮的制作也颇为讲究，一般要加酵母和泡打粉，发出来的面才光滑、松软，同时也要严格控制大包的面粉量，一般的做法是先和一大团面，然后再平均分成八份，这样就可以保证大包大小均匀。乐平大包的"封口"如片片花瓣，包好之后经过发酵，便可以放在特制的大蒸笼里蒸，等待20分钟即熟。蒸熟的乐平大包松软到用手指轻轻一按就凹陷，手一拿开就会慢慢弹起，非常松软可口，吃过的人无不称赞。

链接

大旗头古村位于佛山市三水区乐平镇，明代已聚集成村，建村历史超过600年，面积约5.2万平方米，其中古建筑面积约1.4万平方米。大旗头村古建筑群为清代广东水师提督郑绍忠于清光绪年间所建，镬耳屋层层叠叠，整齐划一，整体坐西向东，大部分保存完好，内部采用广东民居典型的三间两廊布局，具有较高的历史研究价值，已被公布为省级文物保护单位。该村先后被评为中国历史文化名村和被认定为中国传统村落，2004年被广东省文化厅评为"广东第一村"。相传，广东水师提督郑绍忠吃寻常包子，总觉得太小，不过瘾。大旗头村厨师投其所好制出8两重的"乐平大包"，深得郑绍忠喜爱。经过不断发展，形成了今天的乐平大包。

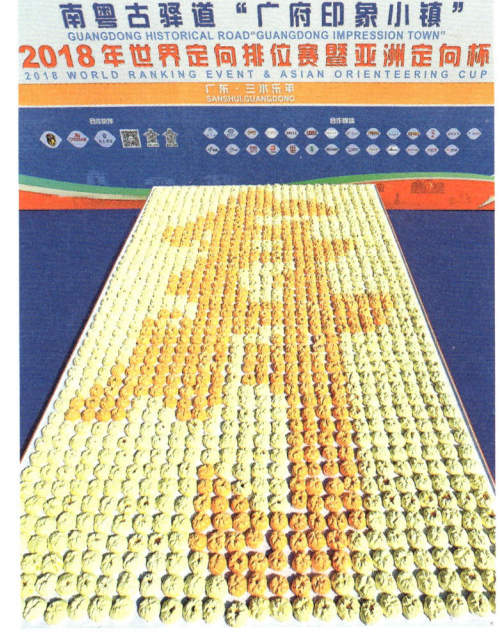
◎乐平大包组成的"寿"字图案（三水区地方志办供图）

◎大旗头村村貌（三水区地方志办供图）

（供稿：三水区地方志办；复核：佛山市地方志办）

韶关

和村糍粑

◎ 糍粑（长来镇政府供图）

◎ 糍粑馅（长来镇政府供图）

物产简介

乐昌和村的糍粑种类非常多，有糕点、炸油糍、艾糍、桐叶糍、蕉叶糍、糯米糍、糯米鸡等。其制作方法为，将糯米、粘米磨成米浆倒入大铁锅煮沸，加入碱水，一边煮一边搅拌，注意掌握火候以不致烧糊为度，待米浆煮透搅成黏稠的糊状后起锅冷却，这是做糍粑皮的熟料。把猪肉、萝卜、豆芽、擦菜、虾仁剁碎搅拌和匀，制成馅料，取熟料捏成鸡蛋大小压扁成皮，放入馅料包紧，形似鸡蛋，所以也叫鸡蛋糍。上蒸笼大火蒸熟后放入大簸箕内即可。吃起来柔韧鲜滑，味道绵香，如果就着当地的辣椒酱吃那就更美味了。

历史渊源

和村的"过会"节（糍粑节）为每年农历四月初四，据说从清朝开始流行，为纪念最早迁入此地的先人而举办。"过会"节非常热闹，节前一天，出嫁女、外出打工子女都会回到家中，一家人在晚上围在一起做和村糍粑。随着人们生活水平的提高，糍粑的种类越来越多，除了鸡蛋糕，色味各异的糍粑也上了餐桌。"过会"当日，亲朋好友前来祝贺，主人必先拿出糍粑让客人品尝。午饭、晚饭时则以各种酒肉菜式招待。饭后，当客人离开时，主人还会送给客人一袋糍粑，让其带给家人品尝。"过会"节不但在当地久负盛名，国内外经常有宾客前来体验"糍粑节"特有的味道。

链接

和村位于韶关市乐昌市东南部，由周边几个小村落合并而形成，故取名和村。世居村民主要有徐姓、杨姓、刘姓等。和村结合人文历史，深度挖掘文化底蕴，全力打造"美丽乡村"。以该村历史名人、宋代进士"神童"谭必的生平故事为切入点，在民居外立面绘上谭必当年求学、当官为民的故事，营造良好的村风民风。推进村主干道沿线景观美化提升，为乡村旅游提供更多观赏点。

◎和村村貌（长来镇政府供图）

（供稿、复核：乐昌市地方志办）

韶关

仁化玉扣纸

◎玉扣纸（罗月珍摄）

◎制作玉扣纸的材料（刘树敬摄）

物产简介

仁化的玉扣纸采用嫩竹做原料，一般将嫩竹称作"笋"，经过选笋、压榨、磋笋、抄纸、切割等大小20多道工序，人工制作而成。纸张比一般的纸张大且纸质纤维细长，质地良好，光滑柔韧，拉力强，摩擦不起毛，张片均匀，色泽淡黄，莹润如玉，卫生无毒，书写易干，墨迹不褪，经久不被蛀蚀，不仅是普通百姓的家庭用纸，更是古代文人墨客绝佳的书画用纸和官府的公文用纸。

历史渊源

玉扣纸生产历史悠久，有史料记载的传承关系可追溯到清光绪十一年（1885年），这些著名的土纸销售铺号在当时的长江镇广州会馆的石碑上有记载。2009年，玉扣纸生产技艺（仁化土法造纸技艺）被列入广东省非物质文化遗产名录。如今长江土法造纸在政府推广和技艺传承中，市场空间得到了扩展，玉扣纸现广泛用于书法用纸，当地特色土物产包装，各种记录簿册、祭祀等场合。

◎ 煮胶（刘俊杰摄）

◎ 蹉笋（仁化县史志办供图）

土法造纸生产具有一定经济效益。首先，土纸的生产解决了当时当地相当数量人员的就业问题。其次，土纸生产所需的原材料取自农林副产品，原料自给自足，农民趁着农闲砍笋腌制，为造纸做好前期准备，有效促进劳动力的调配，增加农民收入。再次，除满足当地需要外，土纸很受港澳地区及东南亚各国的欢迎，可以大量外销。但是，由于土法造纸的生产劳动强度大、生产周期长、经济效益低，致使造纸生产每况愈下，学艺的人越来越少，至21世纪初濒临灭绝。2011年，在广东省文化厅非遗处的大力支持下，在长江镇凌溪村建立了"仁化土法造纸技艺"生产基地，恢复了玉扣纸的生产。2014年5月，仁化县委、县政府划拨专项经费，对基地纸坊进行了修缮，对传承人和土纸生产进行补贴，使"仁化土法造纸技艺"得到保护、传承和发展。

链接

仁化县位于韶关市，是粤、湘、赣三省交接地，东接江西省崇义县、大余县，北邻湖南省汝城县，南面紧邻韶关市区，是革命老区县，是世界自然遗产丹霞山风景名胜区所在地、"丹霞地貌"命名地。全县辖11个镇（街道），总面积2223平方千米。仁化县长江镇地处南岭山脉南麓，以山地丘陵为主，辖区面积300.6平方千米，其中有面积133.3平方千米的全县最大的毛竹基地。2018年7月，仁化县长江镇获得"中国毛竹之乡"称号。

◎ "中国毛竹之乡"牌匾（仁化县史志办供图）

（供稿：谢嘉文；复核：仁化县史志办）

韶关

仁化凡口铅锌矿

物产简介

凡口铅锌矿位于韶关市北偏东48千米，仁化县境内，距世界地质公园丹霞山仅17千米。凡口铅锌矿现属于深圳市中金岭南有色金属股份有限公司，是目前亚洲单一铅锌产能最大的矿山。矿山资源丰富，品位高，储量大，矿石中除富含13%左右的铅锌金属外，还储存大量的银和锗、镓等稀有金属。矿区公路与省道相接，铁路与京广线相连，交通便利，地理位置优越。

历史发展

深圳市中金岭南凡口铅锌矿于1958年建矿，1968年投产。矿山主营铅锌矿、硫精矿采选，主产品是铅锌矿石、铅精矿（品位60%）、锌精矿（品位55%）、混合铅锌精矿（铅＋锌品位47%以上）。在2009年进行18万吨扩产技改后，矿山现已形成日处理铅锌矿石5500吨、年产18万吨铅锌金属的生产能力。凡口矿为地下开采，井深达900米，井下最深到-750米。采用中央主、副井加斜坡道开拓方式，目前主要的采矿方法为盘区上向分层胶结充填法、大直径深孔采矿法（FDQ法）、无底柱深孔采矿法、小型凿岩台车扇形孔回采顶底柱。采用的选矿工艺为高碱快速浮选电位调控优化工艺、新四产品选矿工艺。凡口铅锌矿高度重视科研工作，不断推进科技进步和管理创新，截至2018年，累计完成300多项生产、安全和管理中的重大研

◎选矿螺旋分级机（张秋利摄）

◎井下大型凿岩台车（张秋利摄）

◎广东凡口国家矿山公园（张秋利摄）

究课题，有8项科研成果获国家级科技进步奖、70多项获省部级科技进步奖，获得国家专利25项。

凡口矿近五年来先后获"全国文明单位""全国五一劳动奖状""广东省先进基层党组织""生态文明共建积极单位""广东省安全文化建设示范企业""广东省绿色矿山"等省级以上荣誉近20项。

链接

凡口矿位于韶关市仁化县城西南12千米的董塘镇，该镇下辖17个行政村、3个社区，198个村小组。面积为243.3平方千米，省道S246线贯穿墟镇，境内有丰富的煤炭、铅锌、石灰石、铁矿等资源，2002年被广东省人民政府确立为中心城镇。

（供稿：谢嘉文；复核：仁化县史志办）

◎中金岭南公司凡口铅锌矿区（张秋利摄）

韶关

龙归淮山

◎ 龙归淮山（刘建庭摄）

物产简介

淮山属薯蓣科，学名淮山药，是药、菜、粮兼用的农副产品。淮山块根含淀粉和蛋白质，既有食用价值，又有医疗保健作用，是美食佳蔬，也是药中珍品。龙归淮山健康、安全、优质，产品已获无公害认证，龙安淮山合作社成功申请"龙淮"商标，并获得"广东省名牌产品"称号，产品深受消费者喜爱，远销东南亚等地，成为国内外淮山行业的知名品牌。

历史渊源

龙归淮山种植区域主要在韶关市武江区龙归镇龙安村、盘村、凤田村等村。龙安村种植淮山已逾40年，传统种植方法产量低（亩产1000—1250千克），且卖相较差，经济效益不高。近年来，龙安淮山合作社组织科研人员成功创制了"淮山钻孔、填沙高产栽培技术"水肥一体化种植法。新方法事半功倍，既省工省时，又大幅度提高产量。不仅沙质土可种，黏土也可种植,同样高产。种出来的淮山,形状圆、直、白,卖相更好。经烹调后,口感好,味清甜,粉而不糊。龙归淮山凭借自身优点,在市场上竞争力强,深受消费者欢迎。

链接

龙归镇位于韶关市武江区的中西部,面积161平方千米。国道G323线和京珠高速公路横穿龙归镇北部,是曲江西线公路起点。下辖龙归、龙安等15个行政村和龙归社区,农业主产水稻。

◎收获淮山(刘建庭摄)

◎龙归镇鸟瞰(练光阳摄)

(供稿:董素梅;复核:欧阳征禄)

韶关

南雄板鸭

物产简介

南雄板鸭为南雄市特产，作为精制腊味闻名遐迩。南雄板鸭有低盐、低水分、低脂肪、高蛋白质的特点，属于环保健康食品，严格限制食品添加剂，这保证了南雄板鸭的天然风味和质量安全。南雄板鸭造型美观、鸭皮洁白、腊味浓香、香韧骨脆、咸淡适中、肉嫩味鲜，年产量约50万件，总产值2500万元。2009年5月，经国家质检总局批准，南雄板鸭被确认为国家地理标志产品。

◎袋装南雄板鸭（南雄市史志办供图）

南雄板鸭加工时间为寒露至第二年立春前。宰杀时放血要充分，退毛干净，不使用任何禁用的脱毛剂。腌制要用预先炒干和冷凉的细盐干擦，每只用盐量100—125克，将擦好盐的板鸭放入缸内腌制6—8小时，然后将腌好的板鸭从缸中取出滴净盐水，洗去脏物、余血和盐粒。再将鸭体做成桃圆形，将头向右侧弯，在太阳下晒2—3小时，待水稍干定型。将定型的板鸭涂上一层本地酿造的酒精度数大于等于45%（V/V）的米酒。定型涂酒后的板鸭再日晒2—3小时。然后日晒夜露5—7昼夜，其间温度均要在10℃以下，若遇下雨，可放入晾晒大棚内（必须四面通风）。以板鸭颈椎显露5—7个、小边肌肉呈紫黑色、肋骨变白为度，此时肌肉水分含量≤35%。

成品板鸭的保存，须单排悬挂在通风凉爽的仓库中。寒露到冬至之间腌制的保质期不超过4个月，冬至到立春之间腌制的保质期不超过6个月。在养殖、加工过程要保证不添加任何非食品原料的添加剂。

◎雄州街道夜景（南雄市委办供图）

◎风干的南雄板鸭（南雄市史志办供图）

历史渊源

南雄地处粤北山区，昼夜温差大以及霜冻等因素使得南雄板鸭有特殊的香味。南雄板鸭采用南雄市本地麻鸭制作，当地水塘众多，很适合麻鸭饲养。南雄麻鸭皮薄肉厚，板鸭味道奇美。

南雄板鸭已经有千年的历史，每年冬季，当地乡民便以自家养的毛鸭进行加工，采取粗盐腌泡，但不绷板，在阳光下自然晒干，民间称为"泡腌"。后来逐步发展成规模化生产，加工工艺也不断提高，将原来的腌制方法改为绷板定型，门板、磨石压制改为折腿盘成琵琶形，进而做成桃圆形，板鸭的名称也就开始出现。清朝《南雄州志》记载："雄鸭，鸭嫩而肥，脆之，渍以茶油，日久鲜红而味美，广城甚贵之"。

"北风起，腊鸭香"，南雄人常说"没有腊鸭不叫过年"。冬天的南雄，到处都是腊鸭的浓香，不管你走到哪里，都能看见家家门前或屋顶晒的腊鸭。过年的时候，不管你到哪家，主人都会端上一盘让人垂涎欲滴的腊鸭，或清蒸或煎炸或小炒，无论怎样烹饪，都越吃越香，让人越吃越想吃。现在，人们生活条件不断改善，冬天做的板鸭也更多了，走亲访友都会带上一两只。南雄的腊鸭香浓味远，如今已经成为宴客的上等佳肴。

链接

南雄板鸭的生产企业有广东金友集团有限公司、珠玑二塘板鸭厂、南雄市四海食品厂、南雄市万丰果蔬副食品有限责任公司和南雄市古市镇珠玑食品加工厂等。

（供稿：南雄市市场监管局；复核：南雄市史志办）

韶关

南雄黄烟

物产简介

南雄烟叶俗称黄烟，以色泽金黄、烟味醇香、易燃灰白三大特性而闻名遐迩，为当今国内许多大烟厂生产名牌卷烟必需的原料。南雄烟叶品质优良，为国家烟叶商品的名牌产品，历来享誉中外，内销全国23个大中城市，曾一度远销40多个国家和地区。南雄是全国六大烟叶生产基地之一，其烟叶产量占据广东省半壁江山，20世纪80年代中后期，南雄卷烟工业兴盛，南雄卷烟厂"百顺""珠玑"等品牌的卷烟行销各地，黄烟产业成为南雄重要的经济支柱。

历史渊源

南雄黄烟于清初自闽南传入，至今300多年，盛产不衰。闽南烟草传入南雄主要通过两条渠道：一条是通过氏族迁徙，南雄不少氏族来自闽南，他们迁来南雄的同时，把黄烟的生产技术也带到南雄；另一条渠道是商业贸易，明清时期南雄商业贸易非常繁荣，从闽南来南雄经商的人不少，他们为了获取商业利润，很乐意把黄烟生产技术引进南雄。黄烟传入南雄后，与南雄特有的土壤、气候条件相适应，烟叶品质优良，种者日众。清乾隆、嘉庆年间已成一方特产。清道光四年（1824年）版《直隶南雄州志·物产》载："烟叶，旧志未载，近四五十年日渐增植，春种秋收，每年货银百万两，其利几与禾稻等。"1984—1994年，南雄累计烟叶总产量21万吨，年均收购量占广东省烟叶的50%左右，烟叶产量和收购量均居全省之首。1985年，广东省烟草公司确定南雄为优质烟叶生产基地。1986年，中国烟草总公司又确定南雄为出口

◎ 中国黄烟之乡——南雄（南雄市史志办供图）

◎烟叶田间管理（南雄市史志办供图）

◎育苗（南雄市史志办供图）

黄烟生产基地。1996年，南雄被命名为中国黄烟之乡。2004—2008年，南雄承担国家烟草专卖局"部分替代进口烟叶生产示范"项目，烟叶质量得到卷烟行业高度评价，示范点的烟叶部分指标被认为接近或超过津巴布韦烟叶水平。2008年，南雄开始承担国家烟草专卖局特色优质烟叶开发项目，在湖口镇太和村建立千亩核心示范区，并联合广东省烟草南雄科学研究所、华南农业大学、河南农业大学以及广东省农科院等科研单位，共同开展相关试验示范研究，推动南雄市浓香型烟叶生产发展。2008—2014年，南雄特色优质烟叶累计种植189平方千米，烟叶调拨81.95万担。烟叶产业一直是南雄重要经济支柱产业，也是当前农民脱贫致富的主导产业，近几年，受国家烟草调减计划影响，南雄烟草种植面积40—46.7平方千米，年均烟叶收购20万担左右，烟叶年产值2.5亿—3.2亿元，所产烟叶主要供给五大工业卷烟企业。

链接

南雄黄烟产地主要在南雄盆地中部狭长的紫色土地带，地质土壤为紫色页岩风化而成，pH值为7.5以上，富含磷、钾，结构松散，排水性能好。种植地主要分布于黄坑、湖口、乌迳、古市等15个镇。烟叶品种为烤烟和晒烟。

◎收获成熟的烟叶（南雄市史志办供图）

◎烟叶整理（南雄市史志办供图）

（供稿：南雄市烟草公司；复核：南雄市史志办）

韶关

南雄白果

物产简介

南雄是中国银杏之乡，南雄白果（银杏）种植历史悠久，尤以坪田白果为佳。坪田白果具有早熟粒大、壳薄洁白、肉糯性强、食味香浓、胚芽隐没无苦味、药用价值高等特点，深受广大消费者的喜爱，尤其在港澳地区及东南亚、日本等国家和地区，享有很高的市场声誉，有的港澳经销店挂牌"南雄坪田白果"以示正宗。南雄市坪田镇气候温和，是白果天然理想的生长地，银杏在此生长繁殖已逾千年。坪田有银杏树5000多株，其中古银杏树1600株，年产白果200吨，产值达400万元，分布在100多个自然村。

◎白果（南雄市史志办供图）

历史渊源

坪田白果有着千年传奇的故事。据有关资料，叶云兴是唐朝崖州都督叶浚之子，原居浙江处州（今丽水）。唐广明二年（881年），黄巢起义军攻下长安，中原大乱。时值叶浚任满北归，闻天下大乱，便未再回老家浙江丽水，而是定居南雄乌迳七星树下。五代南汉时，叶云兴奉命戍守乌迳，保境安民，后战死在横岭白石岗。宋时，由于寇乱严重，为策安全，叶云兴后裔从乌迳迁坪田定居，迄今约1000年，而坪田古银杏树

◎硕果累累（南雄市史志办供图）

最古老的树龄也超过千年,两者时间相对吻合,因此,有学者认为,坪田银杏的起源很可能与叶云兴后裔徙居坪田密切相关。

南雄除坪田、南亩、油山镇以外,其他地区没有发现一株古银杏,特别是气候更冷、纬度更北的南雄北山地区。专家认为银杏不是南雄当地植物遗留树种,而是外来人工种植的结果。而坪田先祖叶云兴祖居地浙江丽水有着悠久的银杏种植历史,迄今仍是浙江重要的白果生产基地。坪田银杏种植的传统,很可能是叶云兴族裔从祖居地浙江丽水带过来,并代代传承。《南雄县志》记载,白果销港澳、新加坡、马来西亚、日本等地,主产于坪田,1966年销售达10.45吨。

◎银杏林(南雄市委宣传部供图)

链接

2016年9月,在盛产白果的坪田境内,经广东省林业厅批准设立广东坪田古银杏省级森林公园。该森林公园面积为9.06平方千米,其中北部坳背景区2.70平方千米,东部冯屋景区4.89平方千米,南部军营寨1.48平方千米。森林公园内银杏资源丰富、环境优美。森林风景资源包括千年古银杏群、坳背风水林景观、太傅名第、古树名木、洪泰山、马鞭山等。园内有原生态银杏林多处,上百年的银杏树1000多棵。每年从11月中旬至12月中旬,古银杏树树叶染黄,随风而落,遍地金黄,吸引无数游客。

(供稿:坪田镇政府;复核:南雄市史志办)

◎南雄三影塔(南雄市委办供图)

韶关

清化粉

特产简介

清化粉，是古代始兴清化地区（含隘子镇、司前镇）非常有特色的米粉，纯手工制作，以山稻米为原料，选用清化境内的山泉水，经选米、洗涤、浸泡、磨浆、蒸煮、晒干、过水、切粉、团粉、晒干等工序制作而成。清化粉色泽透明，晶莹清白，粉幼细长，可煮、可炒、可炸，柔韧可口，且"炒而不烂，煮而不糊"。

◎清化粉晾晒（始兴县史志办供图）

历史典故

清化粉还有一个名字叫"宰相粉"。说起它的来历还得从唐朝宰相张九龄说起。相传，始兴石头塘人张九龄自幼聪慧好学，7岁便能写诗文。为考取功名，小九龄常秉烛夜读至深夜。母亲杨氏看在眼里，喜在心上，也疼在心头。为了让小九龄苦读后，能迅速补充体能，聪明的杨氏几经摸索，终于找到了独特的米粉制作工艺。每当小九龄夜读后，母亲便烧开

◎隘子满堂客家大围（谢义雄摄）

◎ 隘子镇鸟瞰（隘子镇政府供图）

水，放一两扎粉，泡上几分钟，一份美味的米粉"夜宵"便端在小九龄的面前。张九龄官至宰相后，为纪念慈母，将米粉外形稍作改动。改为似上朝用的朝笏状，分送朝中大员，食者均赞誉有加。后来人们为纪念一代名相张九龄，又把清化粉尊称为"宰相粉"，其制作工艺流传至今。

链接

隘子镇位于韶关市始兴县南部，距韶关市67千米，距始兴县城65千米，南与翁源县毗邻，西与曲江区接壤。满堂客家大围、抗日名将张发奎故居（省级重点文物保护单位）、唐朝宰相张九龄故里、龙斗斜陨石坑等都位于该镇。

（供稿：李干；复核：始兴县史志办）

韶关

始兴石斛

◎ 石斛茶（李干 摄）

◎ 石斛枫斗礼品（李干 摄）

物产简介

《本草纲目》云："今用石斛，出始兴。"始兴是石斛的原产地之一，始兴铁皮石斛、始兴兜唇石斛、始兴金钗石斛、始兴耳环石斛等分布于始兴县各乡镇山区。始兴石斛质地坚实，茎干有光泽，咀嚼有黏稠感，能鲜榨，清香味甘，加工后的干品称石斛枫斗，为"药中上品"。

◎ 长势茂盛的石斛（李干 摄）

◎ 石斛基地（李干 摄）

历史渊源

1500多年前,始兴人开始在庭院种植石斛,用石斛入药、浸酒、泡茶、煲汤等,历史悠久。始兴石斛发展大致经过了庭院式种植、小规模种植、产业化设施种植和可持续发展四个阶段。近年来,始兴县在保护野生石斛资源的前提下,科学开发,石斛生产已进入可持续发展阶段。《始兴石斛质量技术规范》已在全县推广,石斛产业已形成生产、加工、销售、研发"一条龙"服务体系。2014年,始兴石斛累计种植面积达83.3万平方米,年产石斛鲜条265吨,年产值8.46亿元。2015年,经国家质检总局批准,始兴石斛被确认为国家地理标志产品。

◎石斛酒(李干摄)

链接

始兴县位于广东省北部、韶关市东部、南岭山脉南麓,地跨北纬24°31′—25°60′,东经113°54′—114°22′,有林地面积1726平方千米,森林覆盖率达77.3%。始兴县是国家级生态示范区、争创全国三绿工程示范县、中国绿色名县和中国最美的小城。境内车八岭国家级自然保护区列入世界生物圈保护网络,被称为"华南物种宝库""南岭明珠"。始兴石斛生产基地的江河地表水水质达国标规定的一类标准,大气环境质量常年保持一类区标准。

(供稿:李干;复核:始兴县史志办)

◎始兴县城风貌(邓斌摄)

河源

紫金春甜桔

物产简介

紫金春甜桔,从"三月红"桔树选育而来,具有迟熟、清甜化渣、脆嫩爽口、少核等特点,市场反映很好。核心种植区蓝塘镇种植面积近1333万平方米,辐射带动周边的凤安、好义、九和等镇,形成了紫金春甜桔产业带。2005年,紫金春甜桔被列为广东省推广种植的果树类主导品种。同年,蓝塘镇被河源市认定为紫金春甜桔专业镇,2006年,获得广东省名牌产品称号。2008年,紫金春甜桔被国家列为东江上游特色水果四大品种之一。2011年,入选"岭南十大佳果"。

◎ 阳光下的春甜桔(蓝塘镇政府供图)

◎ **春甜桔种植基地**(蓝塘镇政府供图)

◎ 春甜桔丰收（蓝塘镇政府供图）

历史渊源

紫金建县前，分属长乐县（今五华县）、归善县（今惠州市区及惠东县）两县地。明嘉靖年间，两县农民起义不断，持续数十年，范围极广。省、州、府数次征剿，未见效果。直至明嘉靖四十五年（1566年），第五次征剿成功。为确保安宁，明隆庆三年（1569年），朝廷批准割划归善县古名都、宽得都和长乐县琴江都共3都设立永安县，意即永远安定。永安县以古名都乌石约安民镇（今紫城镇）为县治，建筑县城。1914年，因该县名与福建省永安县同名，而福建省同名县建县更早（早117年建县），遂以境内紫金山为名，改名为紫金县。

链接

蓝塘镇位于河源市紫金县西南部。东邻九和，西连凤安、上义，南临惠东县，北毗青溪、义容。镇政府驻地蓝塘圩，东北距县城46千米。蓝塘原名兰塘，相传因东市场池塘边有一棵兰树而得名。后人将"兰"字写成"蓝"字，沿用至今。

◎ 采摘春甜桔（蓝塘镇政府供图）

（供稿：紫金县地方志办；复核：黄定平）

河源

蓝塘猪

物产简介

蓝塘猪，紫金县蓝塘镇物产。体型中等，头大小适中，额部有三角形和菱形皱褶。毛色较整齐一致，黑白分界比较平整，接近水平直线，分界处有4—6厘米黑皮白毛的灰白带，尾端全黑色。蓝塘猪具有生长快、抗病力强和皮薄、肉质细嫩等特点。加工乳猪，色艳味美、皮酥肉脆，是香港、深圳等地茶楼、酒楼席上珍品，畅销国内各大市场。2012年，蓝塘猪获"最具魅力土物产"称号，2013年入选"广东十件宝"。

◎蓝塘猪（蓝塘镇政府供图）

◎蓝塘猪（蓝塘镇政府供图）

历史渊源

蓝塘猪的形成与其所处的自然地理条件、农业经济条件以及特殊选育方法密切相关。蓝塘猪中心产区四周环山,除有一条小河通往外地外,交通极不便利,形成地理上的自然隔绝,当地猪群长期处于封闭状态,由于采用自然交配,公猪有其一定的配种范围,更新时就从其最优秀的母猪配种的后代中选留。母猪也如此,多半是从其所生的母猪中留种,或者从村民公认的优质母猪后代中留种。蓝塘猪品种改良始于1964年,蓝塘种猪繁育场引进外地公猪"白盘克",以外来良种公猪与母猪杂交,培育的杂种猪具有生长快、抗病力强和皮薄、肉质细嫩等特点。

链接

蓝塘镇位于河源市紫金县,总面积299.8平方千米。下辖26个行政村、1个社区,总人口8万多人,有耕地面积2929万平方米,山地面积22668万平方米。紫金东瑞农牧发展有限公司成立于2011年12月,主要承担蓝塘猪保种开发项目,是河源市"十二五"规划建设项目,河源市2012年重点建设工程和菜篮子工程重要生产基地。公司位于紫金县蓝塘镇市北村,占地面积66.7万多平方米。满负荷后年出栏5万头,其中优质种猪2.2万头,年供港生猪2万头,蓝塘猪年出栏3000头。

◎ 蓝塘镇鸟瞰(蓝塘镇政府供图)

(供稿:紫金县地方志办;复核:黄定平)

河源

五指毛桃

物产简介

　　五指毛桃属桑科植物，因叶像五指，叶片长有细毛，果实成熟时像毛桃，因而得名五指毛桃。五指毛桃又名五爪毛桃、五爪牛奶、土黄芪，广东称之为"南芪"，《广州植物志》称五爪龙。它广泛分布在万绿湖区山上，自然生长于深山幽谷中。《中华药典》记载，五指毛桃性平味辛甘，微温，香气四溢，既有北芪的补益之性，又不像北芪那么容易上火。一般采集后晾干，食用时先取小部分用清水洗净，再用冷水浸15分钟，即可以与猪排骨、鸽子等煲汤，用小火慢煲，时间越长越好，使用明火，效果更佳，煲出的汤有椰奶香味。

◎多支五指毛桃（徐嘉豪摄）

◎单支五指毛桃（张兴初摄）

传统技艺

五指毛桃需要炮制方能食用。炮制的方法为，取原药材，除去杂质。若未切片者，需洗净，润透，切厚片，贮干燥容器内，置通风干燥处，待其自然干燥。五指毛桃的根部外观与断肠草（又名大茶药、野葛、火把草）相似，造成很多山民误采误食，因此需在专业人员指导下采摘。

链接

万绿湖风景区位于河源市东源县境内，距河源市区6千米，作为华南地区最大的人工湖——新丰江水库，是1958年筹建新丰江电厂时，在新丰江的最窄山口——亚婆山峡谷修筑拦河大坝蓄水形成。万绿湖湖面面积370平方千米，库容量139亿立方米，万绿湖距广州、深圳均在200千米以内，堪称是珠江三角洲的后花园。

（供稿、复核：东源县地方志办）

◎万绿湖风景区（王傅摄）

河源

龙川铷矿床

物产简介

龙川铷矿床，位于龙川麻布岗镇天堂山，是一个超大型独立铷矿床，经中国矿业联合会组织专家评审认定的铷储量达17.5万吨（2000吨以上为大型矿）。经多家研究机构选矿实验显示，该矿属于罕见的"较易选易取"铷矿床。除主矿产独立型铷矿外，还共生有锡、钨、铅锌、铜、铌、钽、金、银、铋等10多种矿种。地质工作者在矿区共圈定各类型矿体157个，其中角岩型铷矿体20个，云英岩型矿体8个，锡钨等其他矿体129个。这是迄今为止世界上探明的首个独立铷矿床，也是继稀土之后在我国探明的又一种优势矿产，标志着我国找矿史上的历史性重大突破。

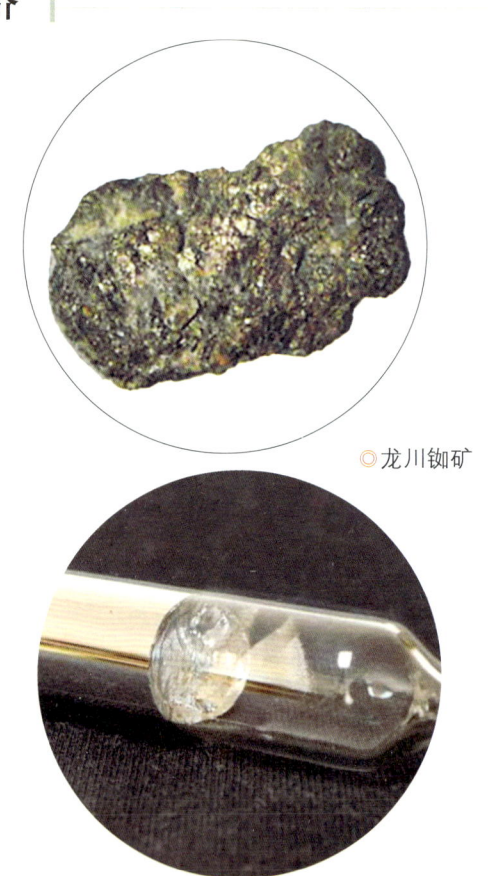

◎龙川铷矿

◎麻布岗镇镇貌（冯晓铭 摄）

◎龙川铷矿产地溪尾村村貌（龙川县地方志办供图）

物产价值

铷是一种稀有分散的碱金属元素，活性大，熔点低，是地球上所有发现的元素中具有较高正电性和最大光电效应的元素。由于上述特性，铷在各个领域广泛应用。比如在新能源领域，有铷太阳能光伏电池、铷磁流体发电、热离子转换发电、铷离子推动发动机等。此外，铷在新材料、新医药、催化剂、环保、国防军工、航天航空、信息产业、生活民用等方面都有广泛用途。此前，世界上还没有发现独立铷矿床，各国应用的铷只能从伴生矿中提取。铷资源的稀缺已成为全球对铷元素应用的瓶颈。广东河源天堂山超大型独立铷矿床的探明，无疑为世界铷产业的开发与应用带来积极影响。

链接

麻布岗镇位于河源市龙川县北部，东江上游河畔，距龙川县城90千米。全镇总面积180.83平方千米，其中山林面积144平方千米，耕地面积16平方千米。下辖16个行政村（社区），总人口约4.3万人。圩镇规划面积6平方千米，建成面积2.25平方千米，是广东省中心镇和技术创新专业镇。

（供稿、复核：龙川县地方志办）

梅 州

酿豆腐

物产简介

酿豆腐是梅州市梅县区的一种特色美食，当地各个村落的村民都会制作这道菜。首先是选盐卤水制作的大块豆腐，豆腐制成后按对角破开，并将馅料塞入对角斜面处，即可制成酿豆腐。制作过程看似简单，要制成美味佳肴却不易。酿豆腐有很多做法，可煎、炸、红焖、煲汤等，味道鲜美可口，不肥不腻。当地人制作馅料是非常讲究的，必须选用鲮鱼碎肉及少量薯粉制成，有的人家还会添加鱿鱼丝、咸鱼等。最正宗的酿豆腐烹调后不会出现肉馅和豆腐"分家"的情况。

传说故事

相传很久以前，两个客家结拜兄弟，在点菜的时候出现了矛盾，一个要吃猪肉，一个要吃豆腐。后来，聪明的饭店老板想出了一个两全其美的办法，制作出了酿豆腐，表现了客家人的智慧和深厚的饮食文化。此菜品系梅州等客家地区的传统风味名菜，逢年过节或招待宾客之时常用此菜。

◎酿豆腐可用生菜包着吃（李小龙摄）

广东物产

◎ 煎酿豆腐（黄雨钰摄）

链接

梅县区是梅州市的一个市辖区，位于广东省东北部，东界大埔县，西邻兴宁县，南接丰顺县，北连蕉岭县。北宋开宝四年（971年），改敬州为梅州；1912年废除州府制，梅州改称梅县。截至2016年，全区户籍人口共611638人；其中，城镇人口289560人，农村人口322078人。梅县区居民中99.93%以上为汉族，讲客家方言。此外，梅县还居住有回、壮、苗、满、蒙古、畲等14个少数民族，各民族相处融洽。

（供稿、复核：黎志康）

◎ 梅县区人民广场（梅县区地方志办供图）

梅 州

潮塘千年古梅

◎千年古梅绽放（周勇明摄）

物产简介

"千年古梅"于1985年在梅州市梅县区城东镇潮塘村被发现，经专家学者考证，这棵古树是宋梅，树龄已有千年。"千年古梅"的发现填补了我国野生古梅树分布的空白，被称为"潮塘宫粉"，被评为国家一级古树。此古梅树高约10米，冠幅16米，主干直径为75厘米，在距离地面50厘米处分成双干，粗干直径49厘米，细干直径31厘米。古梅花朵硕大且花瓣厚，花色呈粉红色，花瓣馨香，花的直径约2.2厘米，每年12月中旬至次年1月中旬为花期，约45天。

◎千年古梅花朵（汤伟青摄）

历史渊源

据相关资料介绍，湖北黄梅县蔡山镇的晋梅是中国现存最古老的梅树。其次是种植于浙江天台国清寺的隋梅，但是经科学测定这些梅树大都不是原木古梅，而是原木的分木，抑或是后人所培植的。而种植于梅州潮塘村的宋梅，虽树龄比不上晋梅和隋梅，但却是原木成长，尤显珍贵。

链接

潮塘村，位于梅州市梅县区城东镇镇政府东南3.5千米。下辖6个村民小组，全村总面积5.96平方千米，耕地面积约36万平方米。年平均气温22.5℃，年降雨量约1400mm，雨量充沛，气候温和，日照充足，无霜期长。主要农作物有水稻、水果、蔬菜等。

（供稿、复核：黎志康）

◎落日下的千年古梅（周勇明摄）

梅 州

平远黄粄

物产简介

平远黄粄是梅州市平远县泗水镇梅畲村久负盛名的传统小吃。当地有"不打黄粄不过年"的说法，每逢春节，勤劳的平远客家人都会用特有的禾米制作黄粄，以庆祝一年的丰收。除夕晚上吃年夜饭时餐桌上就少不了一道菜——黄粄。它的食法很多，可以酿、煎、蒸、煮、炒，还可以将它切片晒干，夏天用来煲咸蛋或煲糖水，清凉解暑。蒸软的黄粄片，蘸上当地人自制的酱汁，风味独具一格。黄粄切成小粄条，冬菇、瘦肉、冬笋、蒜苗分别切丝，配上经过爆香后的鱿鱼丝，混合炒成香气诱人的炒黄粄，是远近闻名的岭东美食。2009年，平远黄粄被列入梅州市第二批非物质文化遗产保护项目名录。

◎ 黄粄（刘胜玉 摄）

传统技艺

黄粄的制作工艺如下：上山砍取黄粄树杈（俗称吊桃子树）等树枝，烧成灰。待灰冷却后，用布垫着，上面浇淋开水过滤，过滤下来的水为黄粄灰水。用小布块包裹少许槐花子、黄枝子，放入煲中加水煮沸。将煮沸的水倒进黄粄灰水中，至水色泛黄。选取一年一熟的禾米，浸泡一个晚上或稍长的时间。将浸泡胀透的禾米捞起，盛入饭甑，在热锅中蒸1—2小时，禾米变成米饭。将米饭盛在小水缸中，倒进黄粄灰水，用手搅拌均匀，至饭粒呈黄色，随后盛至竹箕上晾干。再将米饭盛至木甑中，在热锅中蒸至冒热气，即可倒至石臼用木槌碾压捶打。成饭团后，取出手工制成长形粄条。最后，在粄条上涂上山茶油，能使黄粄较长时间保鲜且口味更清香。

链接

梅畲村在梅州市平远县泗水镇镇政府东南7千米处。梅畲村辖22个村民小组，全村总面积15.2平方千米，耕地面积116万平方米。梅畲村属亚热带气候，全年温暖湿润，年平均气温19℃。主要种植水稻、茶叶。近年来，梅畲村经济发展迅速，主要出售油茶及其他经济作物，还出产有名的黄粄、茶叶、凉粉。

◎ 捶打黄粄（李程摄）

◎ 梅畲村村貌（刘强摄）

（供稿：林东；复核：平远县地方志办）

梅州

百侯薄饼

物产简介

百侯薄饼已有200多年的历史，有"锦囊藏宝"之称。相传它是清雍正年间闻名遐迩的百侯"一腹三翰林"之一杨缵绪在任陕西按察使时带回家乡的四种小吃点心（薄饼、绿豆粄、乌豆羹、蕨粉粄）之一。相传当年杨按察回家为母亲祝寿，为孝敬母亲，带家厨回百侯摆寿宴，其中有一道点心"薄饼"为其母亲所钟爱。为了让母亲以后能吃到"薄饼"，便将家厨留下，并把此手艺传给当地人。薄饼经过仿制和民间多年的改进、提高，演变成今天风味独特、广受欢迎的客家小吃——百侯薄饼。

◎百侯薄饼（百侯镇政府供图）

传统技艺

百侯薄饼以面粉制作成饼皮，即把面粉加进适量的水和少许盐水，用力揉搓至软韧黏结后，用手抓起一团，快速地揸在用炉火加热的专用平底锅上，烤熟时饼薄如纸，即夹起放在盘里。制作里面的馅，一般以靓肉丝、豆腐干、蒜白、香菇、虾仁、鱿鱼丝等为原料，再加上适量的食用油和酱油焖至熟透，然后把馅料包进刚夹起的饼皮里扎好，再加上胡椒粉或辣酱等佐料，即可食用，其味鲜美，令人回味。2014年8月，百侯薄饼制作技艺被列入市级非物质文化遗产保护名录。

◎薄而透的饼皮（百侯镇政府供图）

| 和面团 | 和好的饼皮粘柔软韧 | 将粉团快速涂擦在有炉火的专用平底铁镬上 |

◎ 百侯薄饼制作（百侯镇政府供图）

链接

百侯镇位于梅州市大埔县东部，距离县城约11千米，总面积约94.2平方千米，下辖14个行政村和1个社区，共295个村民小组，总人口约3.1万人。百侯是中国历史文化名镇、国家4A级旅游景区、全国特色景观旅游名镇、广东名镇、广东省宜居示范镇、广东省教育强镇（复评）、广东省休闲农业与乡村旅游示范镇、首批广东省文化旅游融合发展示范区、广东省技术创新专业镇（旅游）、梅州文化名片。其中侯南村2013年被认定为中国传统村落，2014年被命名为中国古村落。

（供稿：百侯镇政府；复核：大埔县地方志办）

◎ 侯南村村貌（百侯镇政府供图）

梅州

五华长乐烧酒

物产简介

长乐烧酒是梅州市五华县的传统名产，国家地理标志产品。明末长乐（今五华）各村就有酿造烧酒，用自制特种饼曲为糖化发酵剂，汲取粤东名山玳瑁山穿石而出之甘泉，采用糙米焖饭、小饼发酵、小盆蒸馏等方法酿制而成。长乐烧酒清香醇厚，味长绵柔，舒适回甘，醉不上头，有"南粤佳酿"之称。

历史渊源

长乐烧酒以岐岭出产为最好。岐岭镇是长乐烧酒有史以来产量最多、质量最好的生产地。早在明万历年间，长乐烧酒就有"一滴沾唇满口香，三杯入腹浑身泰"之誉。民国时期，岐岭街就有"祥隆老号""祥隆正记""广益""裕春"等小作坊制作生产，产量上百吨，闻名遐迩。民国至今的五华县志，均有对长乐烧酒如"传统名产""南国佳酿""著称于时"等褒誉的记载，可谓久负盛名。

将蒸好的饭倒入扬饭台上摊凉

放入糖化缸

糖化好后，将醪液转入发酵大缸内进行无氧发酵

摊凉后，均匀撒上酒曲糖

◎烧酒制作（五华县地方志办供图）

长乐烧酒采用自制特种饼曲为糖化发酵剂

发酵成熟的醪液,需装入蒸馏器内进行蒸馏,蒸馏所得即为原酒

原酒入窖贮藏

◎烧酒制作(五华县地方志办供图)

链接

岐岭镇隶属于五华县,地处梅州市西部、五华县北部,韩江源头,与河源市龙川县接壤。国道G205线、广梅汕铁路、梅河高速公路由西向东穿过该镇,交通便利,是梅州出入珠三角等地的门户。全镇面积154.5平方千米,辖25个行政村、2个社区。

◎长乐烧酒业股份有限公司一角(五华县地方志办供图)

(供稿:广东长乐烧酒业股份有限公司;复核:何伟婷)

梅 州

兴宁高山茶油

◎油茶采摘（陈作新摄）

物产简介

山茶油是世界四大木本油料之一，是中国特有的一种纯天然高级油料，油茶树生长在南方亚热带地区的高山及丘陵地带。我国已有2000多年的山茶油食用历史。山茶油富含维素E、脂肪酸和山茶苷，不饱和脂肪酸含量最高可达90%以上，可谓"油中黄金"，是可媲美橄榄油的高级植物油。

历史渊源

兴宁种植油茶树有悠久的历史，明崇祯十年（1637年）《兴宁县志》"方产"一目中已记载有"茶油"。兴宁茶油需求一直产销两旺。据清末编修的《兴宁乡土志》记载，其时兴宁县茶油除自产外，仍需从龙川县、江西安远县和寻乌县等地大量购进。中华人民共和国成立

◎兴宁市石马镇泰狮油茶种植基地（曾玲摄）

◎潘洞传统榨油作坊（罗志敏摄）

◎高山茶油成品（罗浮镇政府供图）

后，兴宁大力发展油茶种植，北部的罗浮镇、罗岗镇和南部的水口镇成为主产区，罗浮种植的油茶以果皮薄、籽黑、出油率高而闻名，属油茶良种，每年需留一定数量的茶果作为油茶种籽外调。1960年和1976年，汕头专署、广东省林业厅均在兴宁罗浮举行油茶生产现场会议。兴宁成为广东省油茶基地县之一。2009年6月，兴宁市被中国经济林协会授予"中国油茶之乡"称号。至2018年，兴宁市油茶种植面积16668万平方米，其中老油茶面积4334万平方米，近年新种植面积12334万平方米。

链接

兴宁油茶种植主要分布在北部的罗浮、罗岗、大坪、黄陂、黄槐、石马、新陂和南部的径南、新圩、水口等镇，特别是罗浮镇岩前、瑶兴、小佑、浮塘、浮美、浮西、塘社、练优、中和等村。其他有名的镇村有：罗岗镇潘洞、元潘等村，黄陂镇后山、径中、甘一等村，黄槐镇双龙村，大坪镇坪联、潭坑、兰亭、朱坑等村，石马镇新田、米渡村，水口镇新坪、松陂、璜江等村。

（供稿、复核：兴宁市地方志办）

梅州

西河老鼠粄

物产简介

◎老鼠粄（西河镇政府供图）

西河老鼠粄，因其形状大小似老鼠屎粒而得名。20世纪70年代，著名作家杜埃品尝后觉得此粄似珍珠，美其名曰珍珠粄。大埔西河民间制作老鼠粄已有100多年历史，原为民间接待亲朋好友的平常食品。20世纪90年代初，大埔县连续两年举办的美食节活动中，西河老鼠粄均被评为一等奖。2017年1月，西河老鼠粄被列入县级非物质文化遗产保护名录。

传统技艺

老鼠粄的传统制作方法是选用优质上季粘米，用冷水泡浸8—10小时，捞起沥干再磨成粉浆。然后用布袋装好扎紧，用大石头压干去水，成为湿粉状，打散后用开水拌和成团。放进开水锅里泡至半生半熟时捞起，反复揉搓到软韧适度后捏成团，再把特制的铜孔"板擦"架在开水锅上面，将粄团压在板擦上用力来回摩擦，便可擦出长3—9厘米的粄条掉入锅中，待粄条煮熟浮出水面时捞起，配上猪油、肉碎、葱花或胡椒粉、味精等佐料，即可食用，这叫上锅粄。另一种制法叫净水粄，是待煮熟粄条浮出水面时捞起装进竹笪，用冷井水或山泉水反复冲泡，去掉粉浆，冷却后再捞起放在竹筛里晾干后备用，食用时煮或炒均可，配上佐料美味可口，别具一格。

将泡好的粘米倒入磨浆机

将粘米磨成粉浆

打散后用开水拌和成团

将粄团压在板擦上用力来回摩擦

擦出的粄条掉入锅中

煮熟后的粄条

◎老鼠粄制作过程（西河镇政府供图）

链接

漳溪村位于梅州市大埔县西河镇东北部，为镇政府所在地，下辖3个自然村，18个村民小组，共330户，1286人，耕地面积38.6万平方米。漳溪村具有良好的基础服务设施，是五村联动的旅游服务区，为当地的旅游业提供配套服务。烟叶、蜜柚、西瓜是该村的主要经济作物；老鼠粄、发粄是该村特色食品，为漳溪村创造了特色经济收入。近年来，漳溪村结合村特色食品和周边环境的美化提升，打造独具西河特色的旅游文化。

（供稿：西河镇政府；复核：大埔县地方志办）

◎漳溪村村貌（西河镇政府供图）

梅州

银江金针菜

◎金针菜菜花（银江镇政府供图）

◎含苞待放（银江镇政府供图）

物产简介

"莫道农家无宝玉，遍地黄花是金簪"，这是古人品尝金针菜后写下的千古流传之佳句。早在汉朝，金针菜便名扬华夏，被皇家纳为贡品。而在梅州，大埔县银江镇出产的金针菜更是出类拔萃，久负盛名。银江镇的土质富含有机质和多种微量元素，这里独特的土壤和清甜的水质种植的金针菜向来以色泽金黄、质地柔嫩、久煮不酸、味道鲜美而闻名，被誉为"观为名花、用为良药、食为佳肴"的珍品。

物产价值

金针菜，又名黄花菜，是百合科多年生草本植物，地下有肉质鳞茎，叶扁平狭长，开花时细长的枝顶抽出橘红或橘黄色的喇叭状花蕾，十分俏丽惹人。金针花全身都是宝，根茎是常规的中药药材，可消肿、退火、利尿。经干燥处理的金针菜叶片是制造书写用纸的绝佳材料。花蕾叫金针，以花蕾为菜，称为金针菜或黄花菜。以嫩茎为菜，称为金针笋或碧玉笋。

刚采摘的鲜金针菜含有秋水仙碱，不利健康，故而平常我们吃到的多为金针菜干品，经高温烹煮或炒制后食用。

◎金针菜炒肉（银江镇政府供图）

◎金针菜例汤（银江镇政府供图）

◎新鲜金针菜菜肴（银江镇政府供图）

◎晾晒金针菜（银江镇政府供图）

据测定，银江金针菜每500克干品含胡萝卜素17.2毫克、蛋白质72.5毫克。金针菜常与黑木耳等相佐，也可与肉、蛋等一起或炖或炒，配搭同烹，其菜肴家常做法丰富多样，炒、蒸、炖、煨、焖、烩、拌……不一而足，风格各异，口感各殊。

链接

银江镇隶属于梅州市大埔县，位于大埔县西部，居韩江上游，距县城45千米左右。地处梅埔丰边陲，毗邻三县八乡镇，东接县内洲瑞镇之赤水，西邻梅县区雁洋镇三乡之黄凹和梅江区西阳镇白宫之嶂明，南连丰顺县之占头、砂田，北与梅县区三乡石楼、蛟子窟相接。

银江镇地势西北高、东南低，呈葫芦形。境内山峦起伏，属莲花山脉支系。镇内坪上的双髻山海拔1026米，银窿顶海拔1357米，而后者是大埔县最高峰。全镇总面积209.82平方千米，其中耕地面积6.16平方千米，居大埔县之首，是重点用材（杉）林基地。

（供稿：银江镇政府；复核：大埔县地方志办）

惠 州

中洞咸茶

◎ 中洞咸茶（王志媚摄）

| **物产简介** |

　　花生、芝麻、豆类、茶叶、薄荷、香菜等都是中洞咸茶的配料。中洞咸茶的制作方法有两种：一种是先将蒲米（用干稻谷煮爆脱壳后晒干的米）、赤豆、黑豆、黄豆、绿豆等加水煮熟，再加入适量的盐调味，在快要煮好时放入芝麻、小茴、胡椒粉以及用擂钵擂碎的新鲜香菜和茶叶。食用前，先将上述煮好的食物盛入碗中，再加入适量的炒花生仁和爆米花。另一种是先用陶制的擂砵将新鲜薄荷、新鲜茶叶、野生香菜、小茴和芝麻等配料擂磨碎，加入适量的盐，最后用水煮沸或者直接倒入开水，在盛具中事先加入适量的炒花生仁和爆米花，将泡好的咸茶水倒入其中，爆米花遇见滚烫的咸茶水发出"滋滋"的声音，令人食指大动，口舌生津。

◎ 中洞咸茶配料（王志媚摄）

◎ 擂咸茶（惠东县地方志办供图）

◎ 中洞村村貌（戴仕球摄）

历史典故

咸茶作为一种在惠东县高潭等山区乡镇流行的食物，有悠久的历史，是山区人民劳作之余的辅食，有时还作为主食。在战争年代，它还有一个名称——红军茶，当年红军进入中洞时，当地人曾用咸茶招待战士们。当地人食用咸茶极为讲究，有人家新生孩子，就会在孩子出生后第三天的早上煮一大钵咸茶作为三朝茶，请亲属和邻居饮用；孩子满月之日，咸茶就作为满月茶。

链接

中洞村，位于惠州市惠东县高潭镇，地处海（丰）陆（丰）惠（东）紫（金）五（华）县结合部，面积22.07平方千米，2015年有户籍人口约890人。该村早在1923年就建立农会。1927年5月，中共东江特委、东江革命委员会先后迁至中洞。1927年秋，南昌起义军第十一军第二十四师余部1000多人进至中洞，并在中洞改编为中国工农革命军第二师（后称红二师）。中洞成为东江地区工农武装斗争的指挥中心、"红色心脏"。1928年3月，红二师撤出中洞时，该村900多村民有一半惨遭国民党军队杀害。在东江革命历史上，中洞村被称为"东江红都"。

（供稿、复核：惠东县地方志办）

惠州

平海鱼饼

物产简介

平海鱼饼起源于清康熙年间。这种美食并非是刻意制成的，而是"无心插柳"之作。当年渔民在海上捕捞，捕捞到过多的马鲛鱼时，既吃不完，又卖不出，但又不想腌制或晒干，于是就将剩余的马鲛鱼制成鱼饼。没想到鱼饼味道鲜美，甚至成了平海地区新春佳节送礼或者婚庆喜宴待客的上好佳品。新鲜的鱼饼呈金黄色，肉质爽脆而鲜美，香气四溢。平海鱼饼的吃法有多种，最常见的是与荷兰豆同炒、加葱花清蒸、泡紫菜汤等。

◎鱼肉糜（汪洁摄）

◎油炸鱼饼（汪洁摄）

◎平海鱼饼（汪洁摄）

传统技艺

制作鱼饼选料严格，需要新鲜而又不太肥的马鲛鱼，然后去掉鱼头、鱼尾和内脏，洗干净鱼身后剥掉鱼皮和鱼骨，接着用棒槌或刀背将鱼肉剁成肉泥，再加入调味料如生粉、味精、食盐、蛋清，经过反复揉搓，放入一个圆形或椭圆形模子，把鱼泥印成比成人巴掌稍大的肉饼，最后用烧得滚烫的热油炸熟。油炸期间，须不停地用竹签在鱼饼上扎孔，令鱼饼中的空气顺畅排出，以免鱼饼皮炸裂。捞起炸熟的鱼饼，放到铁网或竹网滤干油，才完成制作鱼饼的工序。

链接

平海镇地处惠州市惠东县的东南部，位于稔平半岛的南端，西边是大亚湾，毗邻香港、惠州深水港，总面积达136平方千米。平海古城始建于明洪武十八年（1385年），是一座有着600多年历史的古老海滨城镇。

（供稿、复核：惠东县地方志办）

◎平海镇镇貌（汪启帆摄）

惠州

罗浮山酥醪菜

物产简介

酥醪（láo）菜，别名仙人菜，山芥菜的一种，为优质纯天然绿色食品，产地是位于罗浮山北麓海拔600多米的酥醪村。当地属于亚热带气候，山泉水充足，且土质优良，这里的酥醪菜制成菜干后呈金绿色，清脆爽口，无渣。做成汤后，汤色澄澈而清甜，酥醪菜干则因吸足了水分而口感爽滑，风味独特。苏东坡曾称赞酥醪菜"肥美如羔仙人菜"。几百年来，酥醪菜一直是宴请宾客、馈赠亲朋好友的佳品。

历史典故

酥醪菜产于道教名山——罗浮山。自古以来，罗浮山便是道教炼丹制药的胜地，也是药材集散地。罗浮山能成为一座道教名山，这要归功于东晋著名思想家、炼丹家葛洪。葛洪在罗浮

◎ 菜地里的酥醪菜（罗浮山管委会供图）

日光照射下的酥醪菜　　　晒酥醪菜干　　　　　　酥醪菜干

◎ 酥醪菜干（罗县罗浮山管委会供图）

山采药炼丹、研究岐黄之术，救死扶伤，普济世人。从宋代始，罗浮山就有"洞天药市"，绵延数里，自此成为南药基地。

链接

罗浮山横跨龙门县、博罗县、增城市三地，面积共260多平方千米，与佛山市的西樵山互为姐妹山。主峰是海拔1296米的飞云峰，雄伟壮丽，被誉为百粤群山之祖、"岭南第一山"，是国家重点风景名胜区和国家AAAAA级旅游景区，更是避暑的好去处。

◎ 酥醪村村貌（罗浮山管委会供图）

（供稿：罗浮山管委会；复核：博罗县地方志办）

惠州

柏塘山茶

物产简介

柏塘山茶，又称客家山茶，属于罗浮山特种山茶。据2002年版《广东省志·农业志》记载，博罗所产罗浮山茶是岭南四大名茶之一。博罗县所种植的山茶品种中，柏塘镇的山茶品种质量最佳，种植范围最广，当地一致认为柏塘山茶是罗浮山茶的代表。柏塘山茶外形紧致结实，细长而匀称，卷曲有度，香气纯正而清新。冲泡后，茶汤澄澈金黄而又柔和明亮，入口顺滑，味浓而甘甜，回味无穷。2015年5月，柏塘镇被认定为"广东十大茶乡"之一；12月，柏塘山茶被确认为国家地理标志产品。

◎ 柏塘山茶（熊正丹摄）

◎ 茶农在采茶（柏塘镇政府供图）

历史典故

柏塘山茶"起于晋"流传着两种说法：其一是东晋时期，罗浮山上有两位仙人，其中一位是道教南宗的葛洪。有一天，这两位仙人一起下棋，葛洪一边下棋一边喝茶，棋下完后就随手把喝剩的茶水往身后一泼，茶水触及的山崖瞬间就长出了树苗，并迅速长大成茶树，这些茶树便是现今的柏塘山茶。其二，在东晋裴渊所著的《广州记》一书中，记录了博罗种植山茶的历史。

◎柏塘山茶园（柏塘镇政府供图）

◎柏塘山茶树（柏塘镇政府供图）

链接

柏塘镇位于惠州市博罗县的北部，总面积264.24平方千米。下辖36个行政村和2个社区。交通便利，国道G205线横贯柏塘镇中心区域。

◎柏塘镇镇貌（柏塘镇政府供图）

（供稿：柏塘镇党政办；复核：博罗县地方志办）

汕尾

梅陇有机米

物产简介

梅陇农场有机米,来源于优质香米等稻种,种植过程中禁止使用化肥、农药、激素等,也不使用基因工程技术。成品的有机米,米味香浓,蒸煮后颗粒饱满、可口,深受广大消费者喜爱。

◎ 梅陇有机米(海丰县地方志办供图)

农场简介

梅陇农场始建于1956年2月,是以水稻种植和水产养殖为主、禽畜养殖为辅的综合经营的国营农业企业。现有9000多人,土地面积22平方千米,其中水稻种植面积573万多平方米,水产养殖面积733万多平方米。近年来,

◎ 梅陇农场有机稻田(海丰县地方志办供图)

◎梅陇农场大门（海丰县地方志办供图）

农场引进和推广水稻种植生产的良种、良法，走农业产业化、机械化、绿色化发展之路，形成了垦区有机农业自主品牌，是国家级、省级水稻种植和水产养殖高产示范基地。2016年3月，获得中鉴认证公司颁发的"有机转换产品认证"证书。

链接

梅陇农场地处汕尾市海丰县西南部，东临长沙湾，西依梅陇镇与鲘门镇，北连联安镇。地理位置上西联珠三角城市圈，东接汕潮揭城市群，距离海丰县城25千米，距离汕尾市区47.8千米，距离深圳市158千米，交通便利。处于滨海区域，属亚热带季风气候，其土地主要由滨海滩涂围垦而成，平坦连片，生态环境优美，土壤肥沃，水质优良，沿海生物和自然饵料等资源丰富，十分适宜种养。

（供稿：海丰县梅陇农场；复核：海丰县地方志办）

◎海丰县县城（海丰县地方志办供图）

汕尾

公平牛肉脯

物产简介

公平牛肉脯是海丰县传统特色食品,始于清初,至今仍采用传统制作工艺制作。其用料讲究,选取优种牛前后躯富有弹性的肌腱肉,剔出筋膜等结缔组织,切成片,用大蒜、辣椒、胡椒、白糖、汾酒、香料、药材等做成的调料腌制、烘烤而成。味浓焦香,风味独特。

◎公平牛肉脯(吴吉莲摄)

历史渊源

公平镇地处海丰、陆丰、紫金、惠东、五华五县交界地带。公平圩形成于唐宋时期,自古为物丰市旺的商品贸易集散地,为海丰六大古圩市之一,有"千年商贸古镇"之称。古时因买卖公平而被称为公平圩,圩上盛产的牛肉脯被称为"公平牛肉脯",远销全国各地及东南亚。据不完全统计,近年来公平牛肉脯年产量为800多吨,年产值近4000万元,比较出名的品牌有华良、日兴、松野等。

◎公平牛肉脯(海丰县地方志办供图)

◎制作牛肉脯的新鲜牛肉（海丰县地方志办供图）

链接

公平镇位于汕尾市海丰县东北部，距县城15千米，面积127平方千米，是海丰县东北部及邻县周边乡镇的商贸中心，下辖7个社区和23个行政村。公平牛肉脯主要集中在日兴、长兴、长安、新兴、南园社区及公一、公二、公三行政村一带。

◎袋装牛肉脯（吴吉莲摄）

（供稿：公平镇政府；复核：海丰县地方志办）

◎公平镇镇貌（海丰县政府供图）

汕尾

虎噉金针菜

物产简介

虎噉金针菜,因优质的生态环境、清澈的水源和肥沃的土壤而品质上乘。该金针菜营养丰富,不用硫黄等化学物质,而是天然脱水,令金针菜脱水后花蕾紧闭,花粉不易泄露,味道仍保持新鲜,口感鲜甜爽脆,无酸味。虎噉金针菜干有金黄光泽,无青黄或暗绿,味清香,体型长又粗壮挺拔,菜型均匀完整,干净无异味,花开的数量不多于10%。2011年,被确认为国家地理标志产品。

◎长势良好的金针菜(黄羌镇政府供图)

◎晾晒(黄羌镇政府供图)

◎加工(黄羌镇政府供图)

历史典故

虎噉金针菜之名始于虎噉村的石莲庵。石莲庵建于元代，居住在石莲庵庙里的行者在庵四周的土地上种植金针菜，用作日常素食。后来，明朝遗臣姚恭曾在此隐居读书，以石莲庵自产自给的金针菜饱腹。即使是在物质条件匮乏的情况下，姚恭因营养丰富的金针菜而保持健康。后来，他因抗清殉国的英勇行为而被人铭记，石莲庵也得到了关注。许多文人慕名而来并且品尝虎噉金针菜，于是金针菜大量种植，声名远扬。

链接

黄羌镇虎噉村，位于汕尾市海丰县西北部，面积6.8平方千米，下辖14个自然村，村道连通县道X126线，通往镇政府和县城。

◎采摘金针菜（黄羌镇政府供图）

（供稿：黄羌镇政府；复核：海丰县地方志办）

汕尾

九龙生姜

物产简介

九龙生姜的根茎为肉质，扁平而肥厚，为不规则的块状，分枝呈指状。表皮平滑没有毛，有两种颜色，分别为灰棕色和黄褐色。根茎脆而易折，截面呈浅黄色。闻之芳香又带有特殊的辛辣味。九龙生姜用途广泛，用作调味料时不仅可以放入汤、肉、主食中，还可以加入饮料中制成带有姜味的饮品，也可以作为单独的一道菜，或腌成咸菜类食物。2015年，九龙生姜获国家A级绿色食品认证。

◎九龙生姜（海丰县地方志办供图）

◎平东镇九龙生姜种植地（海丰县地方志办供图）

历史习俗

汕尾地区流传着这么一句话:"冬吃萝卜夏吃姜"。一到夏天,人们就喜欢将生姜削皮洗净,然后削成薄片或条状,用沸水烫一会后,与醋或豆瓣酱混合放在密封罐里腌制食用。

链接

九龙村地处于汕尾市海丰县平东镇的东南侧,是革命老区"九龙峒"所在地。下辖九龙口、九龙寨、罗厝角、崎岭下、上田心、水背、塘背共7个自然村,属于平东镇里最偏远、经济较为落后的山区村。有农田72.3万平方米,主要种植水稻、生姜等。

◎九龙村村貌(海丰县地方志办供图)

(供稿:平东镇政府;复核:海丰县地方志办)

汕尾

坑口芋头

物产简介

坑口芋头,外形有椭圆形和圆形,大多数为圆形。芋头的嫩芽必须用沸腾的开水烫熟后才可食用。芋头块茎为深褐色,外皮粗糙有毛,呈环状围绕。芋头果肉颜色有多种,分别为米白色、白色和紫灰色,有些芋头品种果肉还呈褐色或粉红色的纹理。

物产价值

◎ 刚挖出的芋头(海丰县地方志办供图)

坑口芋头营养丰富,含有大量的淀粉、矿物质及维生素,既是蔬菜,又是粮食,可熟食、干制或制粉。由于芋头的淀粉颗粒小,仅为马铃薯淀粉的十分之一,其消化率可达98.8%,可加工制成芋粉及芋泥馅以延长保存期。坑口芋头口感细软,绵甜香糯。

坑口村积极引导农民种植芋头,实现规模化"一村一品"的生产模式。目前,该村共种植芋头1700亩,品种以香芋和米芋为主,集中分布在坑口、岭下、下田心、竹围等村。坑口村所在的平东镇芋头种植的发展态势良好,近年来,年产量达2700吨,产值约500万元。

◎田间生长的坑口芋头（海丰县地方志办供图）

链接

坑口村位于汕尾市海丰县平东镇东南部。东面临平龙水库，南面靠山峦，西面接牛尾石村，北面接芒婆坑村。坑口村下辖坑口、岭下、牛尾石、牛英潭、下田心、新村、寨仔、竹围8个自然村，与茅陂村、九龙村、大塘村、双墩村相邻，水光山色，气候宜人，交通便利。近年来，坑口村大力发展芋头生产，引导农民发展特色农业，已成为海丰县重要的芋头生产基地。

◎坑口村村貌（林世典摄）

（供稿：平东镇政府；复核：海丰县地方志办）

汕尾

梅陇莲藕

物产简介

梅陇镇作为海丰县的农业大镇,有许多传统土物产,如荷兰豆、慈菇、莲藕等,其中梅陇莲藕最负盛名。在梅陇莲藕种植基地中,最具代表性的是由高中村、新兴村和新寮村联合建成的新寮片莲藕基地。梅陇种植莲藕已有近400年历史,丰富的种植经验和梅陇平原肥沃的土壤,使得梅陇莲藕品质优越,每一节莲藕都硕大粗壮而均匀,鲜甜爽脆无渣,深受食客们喜爱,远销广州、深圳、惠州、香港等地。

◎ 接天荷叶(海丰县地方志办供图)

◎ 梅陇莲藕（海丰县地方志办供图）

历史发展

梅陇莲藕发展至今，种植面积已有上万亩，年总产值近亿元，成为梅陇镇三村的核心农业支柱产业之一，但其传统种经营方式已经跟不上商品经济发展的需要，于是当地人做出改变，用新型"公司+基地+农户"的经营模式替代传统的个体经营方式，大大提高了生产经济效益。

链接

梅陇镇位于汕尾市海丰县，南面濒临南海，北面与海城镇相邻，东面与联安镇相接，西面与深汕特别合作区接壤。

◎ 新寮村寨门（林世典摄）

◎ 新寮村村道（林世典摄）

（供稿：梅陇镇政府；复核：海丰县地方志办）

汕尾

陆河木瓜

物产简介

陆河木瓜是汕尾市陆河县的物产,明代开始种植,至今已有数百年的历史。陆河地区土壤中的有机质、矿物质特别是稀有元素含量丰富,适合木瓜生长。陆河木瓜外形呈长圆形、表皮光滑、光泽鲜艳、香味浓郁、甘甜多汁、营养丰富、风味独特,深受人们青睐。

◎陆河木瓜(王业兴摄)

◎硕果累累(王业兴摄)

历史渊源

陆河木瓜最早由下南洋的华人从马来西亚引进,而后许多农家在门前屋后进行种植。有资料记载,清乾隆年间陆河地区连年灾荒,在朝为官的彭如干回家发现故乡并没有因为灾荒人口锐减。经过考察发现竟是得益于木瓜,原来当地百姓用木瓜充饥得以存活。而后,他将木瓜带回朝廷,深受皇上及臣僚青睐,遂成为贡品,带动了本地经济的发展,越来越多的百姓种植木瓜。近年来,以广东省生宝种养有限公司为主要基地的陆河木瓜,通过"公司+基地+协会+农户"模式发展优质木瓜种植,大大提升了木瓜质量,使陆河木瓜相继获得"广东

◎切开的成熟木瓜（王业兴 摄）

省名牌产品""广东省著名商标"等称号，并通过了美国、日本、欧洲等国家有机产品认证。2008年，陆河木瓜被指定为北京奥运会果品。2013年5月，经国家质检总局批准，陆河木瓜被确认为国家地理标志产品。

链接

陆河县地处汕尾市北部，与揭西、陆丰、海丰、惠东等县接壤，是榕江和螺河水系的发源地，属于亚热带季风气候，水资源和热量资源丰富，四季分明，为陆河木瓜的生长提供了良好的气候环境和成长条件。2016年末户籍人口为35万多人，面积1005平方千米，下辖8个镇和国吉溪林场。

◎陆河县县城（陆河县地方志办供图）

（供稿、复核：陆河县地方志办）

东莞

东莞荔枝

物产简介

◎糯米糍荔枝（东莞市地方志办供图）

◎桂味荔枝树（东莞市地方志办供图）

东莞盛产荔枝，产量居广东省之冠，主要品种有糯米糍（又名水晶丸）、桂味、黑叶、槐枝、妃子笑、三月红（又名玉荷苞），其他品种有尚枝（尚书怀）、小丁香、大丁香等50多种。糯米糍荔枝肉质软滑、多汁、味浓甜，可食部分占全果重量的73%—84.4%，6月下旬至7月上旬成熟。东莞糯米糍荔枝有红皮、大糯、白糯和细糯之分，尤以大岭山一带所产的红皮为最佳，在国内外很受欢迎，远销英国、新加坡、加拿大等地，是全国水果创汇最高的品种之一。桂味荔枝果皮浅红色，肉质爽脆、清甜多汁、有桂花香味，可食部分占全果重量的75%—80.8%，可溶性固形物18%—21%，为荔枝中鲜食最佳品种之一。果实有皮色淡红和果肩带绿两种，其中以果肩上有墨绿色斑块、果皮淡红带绿的鸭头绿者品质最佳。桂味荔枝在东莞栽培历史悠久，至2018年有大量近百年树龄的老树，谢岗镇的荔枝树王曾年挂果1750千克。桂味荔枝是广东省水果出口主要品种之一。

◎ 东莞荔枝推介活动（东莞市地方志办供图）

历史发展

东莞市被誉为中国荔枝之乡，东莞荔枝是国家农产品地理标志产品。东莞市各镇街都种植荔枝，但主要品种不同，如大朗镇、常平镇种植妃子笑较多，麻涌镇种植三月红较多。东莞荔枝除直接食用外，还可以加工成干果、荔枝酒。近年来，东莞市在网上举办荔枝节，东莞荔枝搭乘"互联网＋"快车，24小时内可送到全国各地消费者手中。

链接

东莞市位于广东省中南部，西北面距广州市中心区59千米。陆地面积2460.1平方千米，海域面积82.57平方千米，下辖4个街道和28个镇。2017年末，常住人口834.25万人。

◎ 东莞市鸟瞰（张村城摄）

（供稿、复核：东莞市地方志办）

东莞

莞香

物产简介

莞香是由莞香树开采而成的香料的统称。莞香，常用名土沉香，别名白木香、女儿香、崖香，莞香树亦称牙香树、蜜香树、六麻树，为瑞香科土沉香属常绿乔木，属国家二级保护植物和特有珍贵药用植物，被誉为"植物中的钻石"，价值不菲。因东莞一带所产的香料较有名，故称"莞香"。2014年，莞香制作技艺被列入国家级非物质文化遗产名录。2015年，莞香被确认为国家地理标志产品。

◎莞香原态香材——奇楠、黄熟、虫口、壳仔等（东莞市地方志办供图）

历史渊源

据记载，莞香由国外传入，始自唐代。宋代时，广东各地已普遍种植，尤以莞邑为盛。宋元时期，广东香料产地极多，但自莞香兴起后，他处香料多数走向没落。明代，莞香已闻名于世。清代，莞香作为贡品进入宫廷。当时大岭山的大沙坪是莞香主要交易市场，来自莞城、寮步、石龙等地的香贩云集在此采购莞香，再贩卖到广州、香港，甚至东南亚一带，每年销量1万—2万千克。当时东莞的香市与广州的花市、罗浮的药市、合浦的珠市并称"广东四大市"。

◎大岭山镇莞香非物质文化遗产保护园（大岭山镇党政办供图）

◎窨香（大岭山镇党政办供图）

◎采香（东莞市地方志办供图）

| 链接 |

大岭山、寮步等镇是莞香主要产地，特别是大岭山镇在明代以前已广泛种植，以鸡翅岭、龙岗、马蹄岗、金桔、大沙、梅林、百花洞一带较为知名。大岭山镇位于东莞市中南部，地处东莞新城市中心区、松山湖科技产业园、同沙生态旅游区这"三位一体"之间，面积95.53平方千米，下辖23个行政村（社区）。2017年末，全镇常住人口27.95万人，其中户籍人口5.26万人。

◎莞香树（东莞市地方志办供图）

（供稿、复核：东莞市地方志办）

东莞

东莞千角灯

物产简介

东莞千角灯,属于花灯的一种,灯身由多个不同的三棱体组成,有角1000个,缀有灯1000盏,集书画、剪纸、刺绣等优秀民间手工艺于一体,是东莞市特色传统手工艺品。千角灯做工非常考究,体积巨大,工艺精湛,堪称千古一灯。2006年5月20日,经国务院批准,东莞千角灯被列入第一批国家级非物质文化遗产(民间美术类)名录。

◎千角灯(东莞市地方志办供图)

◎千角灯灯芯(东莞市地方志办供图)

◎千角灯底部(东莞市地方志办供图)

历史渊源

东莞一带有添丁挂灯的习俗。凡是添了男丁的家庭，都会在下一年开春时举行灯会，千角灯就是这一传统习俗的产物。在东莞方言中，"角"与"个"同音，"灯"与"丁"同音，所以"千角灯"即"千个丁"，寓意"儿孙满堂，百子千孙"。

链接

千角灯流行于东莞市莞城街道。莞城街道位于东莞市北部偏西，下辖8个社区，面积11.2平方千米，四周与东城街道、南城街道、万江街道相接，北距广州59千米，东南离深圳99千米，水路至香港47海里、至澳门48海里，是广州与香港之间水陆交通的必经之地。

◎千角灯（东莞市地方志办供图）

（供稿：莞城街道办；复核：东莞市地方志办）

◎莞城街道风貌（张德全摄）

东莞

东坑阴菜

物产简介

东坑阴菜以萝卜为原料,一年一造,体形细长,约20厘米,拇指般粗,形状酷似农耕的耙齿,故俗称"耙齿菜"。东坑人将收获的耙齿萝卜先在阳光下暴晒三四天去除其大部分水分,然后将其吊挂在阳光晒不到的屋檐下,让干燥阴冷的秋风慢慢将水分抽干。在这渐进的过程中,其内在营养精华浓缩、存储下来,形成独特风味。阴干之后的耙齿萝卜,形体和重量变小,变成色泽赤黄、形如松根的干条状。

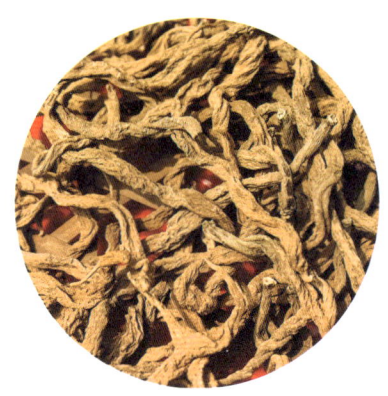

◎阴菜干品(东坑镇党政办供图)

历史渊源

东坑人制作阴菜的传统,最早可追溯到明代。清光绪《东莞县志》卷十三载:东坑阴菜"一名菜菔,产东坑者良,一种根长而小,名耙齿萝卜,子名菜菔子,入药品。"早年漂洋过海的东坑侨工,在离乡别井之际都想方设法带上阴菜以解乡愁。他们认为"阴菜此物,珍贵

◎阴菜制作(东莞市地方志办供图)

◎阴菜晾晒(东莞市地方志办供图)

◎非遗传承人讲述阴菜种植技艺（东坑镇党政办供图）　　◎东坑三宝（东坑镇党政办供图）

无比，参茸不易也"。东坑阴菜被列入"东坑三宝"之一，也成为海内外东坑人认同的维系其家国情怀的精神纽带之一。2010年，经东莞市人民政府批准，东坑阴菜制作技艺被列入东莞市非物质文化遗产名录，传承人卢国华。

链接

东坑镇位于东莞市中部，东邻寮步镇，南依大朗镇，北邻常平镇，西邻横沥镇和茶山镇，面积23.8平方千米，下辖14个行政村和2个社区。东坑地处穗深港经济走廊，公路网络完善。东坑镇经济社会发展迅速，是全国文明村镇、国家卫生镇、全国休闲农业与乡村旅游示范点。

◎阴菜种植（东坑镇党政办供图）

（供稿：东坑镇政府；复核：东莞市地方志办）

◎东坑镇镇貌（东坑镇党政办供图）

东莞

麻涌香蕉

物产简介

香蕉是岭南地区常见经济作物，尤以东莞市麻涌镇出产为佳。麻涌香蕉，人们称赞它"蕉肉香甜嫩滑，蕉皮金黄薄身"，具有色鲜质美、香味浓郁、清甜可口、肉质细腻的特点。1958年，在全国工农业生产经验交流会上，麻涌镇获得由国务院总理周恩来签发的"香蕉高产"奖状，当时麻涌香蕉大量出口到苏联、日本等国。20世纪60年代之后，香蕉外贸停止，乃畅销于国内北方各省市。改革开放之后，香蕉贸易一派繁荣景象。鼎盛时期，麻涌香蕉种植面积1540万平方米，成为麻涌支柱产业。1990—2010年，受工业发展的冲击，麻涌香蕉产业一度低迷。2015年，东莞市麻涌香蕉有限公司成立，采用"公司+基地+农户"的经营模式，引进高素质种植专业人才，进行标准化生产，研发香蕉系列产品，提高麻涌香蕉附加值。公司注册的"金麻麻涌香蕉"商标，获得了广东省工商局认定的"广东省驰名商标"称号，获得了广东省老字号协会认定的"广东省老字号"称号。麻涌香蕉获得"名特优农产品"和"广东手信100强"的称号。2016年麻涌香蕉被确认为国家农产品地理标志产品。

◎麻涌香蕉（东莞市地方志办供图）

◎待售的香蕉（东莞市地方志办供图）

历史渊源

麻涌始建于宋代，因先人爱梅而初名古梅乡。元代以前，隶属于宝安县。明代初期，划归东莞县中堂，由于当地河网密布，河岸耕地以产麻为主，而更名为麻涌乡。民国时期，归东莞新四区管辖。中华人民共和国成立初期至1952年，划入东莞县第八区；1953年，划入东莞县第十八区，称为麻涌区；1958年，成立麻涌公社；1983年，改为东莞县麻涌区；1986年，改为麻涌镇。

链接

麻涌镇位于东莞市西北部，地处珠江口北部东岸珠江三角洲平原。麻涌香蕉产量高而质优的村（社区）有麻一、麻二、麻三、麻四、漳澎、大步、东太、新基、川槎、鸥涌、黎滘、华阳、南洲和大盛等。

◎麻涌香蕉国际博览园（东莞市地方志办供图）

（供稿：麻涌镇政府；复核：东莞市地方志办）

东莞

道滘裹蒸粽

◎道滘裹蒸粽（东莞市地方志办供图）

◎包粽子（东莞市地方志办供图）

物产简介

粽子，古时称为角黍，因最初用菰叶包黍米成牛角状，故名。道滘裹蒸粽馅料丰富，味道浓香，卖相极佳，吃起来满口生香。其选材讲究，制作方法规矩严谨。糯米必须是优质的道滘产晚造矮脚糯，透亮松软，且米粒饱满有黏性；咸蛋黄必须提前两天打开捞出晾干备用，使之更加甘香；五花腩肉也是提前腌制后焯水去掉猪臊味；湘莲、绿豆按配方比例，加上蒜蓉、沙姜、五香粉等混合。裹粽技术要求也较高，必须用咸水草扎紧，使之密不透风。蒸煮粽子必须猛火煮4个小时以上。新鲜出炉的道滘裹蒸粽粽香扑鼻，令人垂涎。道滘裹蒸粽于20世纪40—50年代以其独特的风味，成为东莞粽子的主要代表，闻名粤港澳地区。

◎道滘镇镇貌（道滘镇党政办供图）

◎切开的裹蒸粽（东莞市地方志办供图）

历史渊源

据记载，早在春秋时期，人们用菰叶（茭白叶）包黍米成牛角状，称"角黍"；用竹筒装米密封烤熟，称"筒粽"。东汉末年，以草木灰水浸泡黍米，因水中含碱，用菰叶包黍米成四角形煮熟，称为碱水粽。叶潮改良普通粽子制作工序，成为道滘裹蒸粽的创始人。20世纪80年代初，道滘冠华酒家高级厨师李绍裘改进配方，规范制作流程，严格控制道滘裹蒸粽用料标准和包装工艺。2014年，道滘裹蒸粽制作技艺被列入广东省第四批非物质文化遗产名录，代表性传承人为卢细妹，她创立的道滘佳佳美食品有限公司出品的道滘裹蒸粽，在粤港澳地区家喻户晓，不但端午时节脱销，平日里当地食肆也供不应求。

链接

道滘镇位于东莞市西部、穗深经济走廊中部，毗邻东莞市区。道滘镇原名到滘，又名济川，意思是到了河川相聚的地方，是全国著名的游泳之乡、中国民间文化艺术之乡、中国曲艺之乡、中国特色食品名镇，获得"全国亿万农民健身活动先进镇""国家卫生镇""广东省教育强镇""广东省园林城镇"等称号。

（供稿：道滘镇政府；复核：东莞市地方志办）

东莞

洗沙鱼丸

◎ 鱼丸菜肴（高埗镇党政办供图）

物产简介

洗沙鱼丸，东莞特色名肴，是地道的水乡菜。上乘的洗沙鱼丸选料考究，必用新鲜鲮鱼；且养鱼的鱼塘中不能养鸭养鹅，以保证鱼肉味道纯净。鱼丸制作工序繁复：第一步，选4条500克的新鲜鲮鱼，用清水洗净，去鱼鳞，切鱼腩，晾干；第二步，去鱼肋骨，将刀刃贴着鱼脊骨向鱼头方向削去，把鱼肉分割出来；第三步，去鱼皮；第四步，剁鱼肉，把鱼肉剁成肉泥，再用刀背反复捶打直至糜烂；第五步，搓打鱼胶、配料，反复抽打6个小时以上成胶状；第六步，挤捻鱼丸，一边手挤，一边用汤匙沾水后将鱼丸放入盛水的盆中；第七步，泡

选新鲜鲮鱼，去鱼鳞，切鱼腩

去鱼肋骨，把鱼肉切割出来

剁鱼肉，再用刀背反复捶打

搓打鱼胶并加配料

挤捻鱼丸

泡煮鱼丸

◎ 鱼丸制作（高埗镇党政办供图）

煮鱼丸，先将锅内水烧沸，然后把鱼丸倒入，待鱼丸浮上水面捞出，放在清水里过冷，鱼丸便做好了。

因其独特考究的选材、细致入微的工艺、别具风味的口感，冼沙鱼丸制作技艺于2010年4月被列入东莞第二批市级非物质文化遗产名录。

历史渊源

在"四大塘鱼"中，鲮鱼肉质最嫩滑，但它遍布细小鱼刺，若蒸煮食用，易被鱼刺鲠喉。为此，早在明代，冼沙人就将鲮鱼肉剁碎，加入调味佐料，制成"鱼球王"端上餐桌，老少咸宜。这就是冼沙鱼丸的雏形。至清雍正年间，某冼姓渔民在此基础上改进，将鱼肉去皮、去骨后剁成肉泥，拌入调味料，制成冼沙鱼丸。

链接

冼沙村地处东莞市莞城街道北面，高埗镇东南部，与石碣镇相连，面积7平方千米，是高埗镇内面积最大的村。2017年末，户籍人口8000多人，外来暂住人口2.5万人，下辖11个村民小组：东海、新联、旧联、二上坊、二下坊、三坊、四一、四二、四三、五坊和村尾。

◎高埗镇江滨广场（高埗镇党政办供图）

（供稿：高埗镇政府；复核：东莞市地方志办）

东莞

荔枝柴烧鹅

物产简介

荔枝柴烧鹅主要以荔枝树枝干为燃料,将鹅宰杀后,开水烫皮、拔毛、取出内脏,然后用五香、八角、片糖、蒜茸、红枣、金针、酱油等调料塞入鹅肚,用铁针缝好鹅肚,再用特制的烧鹅炉慢火烧烤40分钟左右而成。

荔枝柴烧鹅色泽金黄,皮脆、肉香、骨酥。其美味原因有二:一是荔枝柴;二是烧鹅炉。荔枝柴木质结实,干燥耐燃,能给食物带来淡淡的荔枝香。用荔枝柴烧烤,可以使烧鹅色泽更好看、更诱人。大岭山的烧鹅炉与别处不同,一般由两部分构成:上面是一个圆锥状盖子,里面插一根铁杆悬挂鹅身;下面是一个长方形箱子,用于放置柴火。炉膛里放置有水的钵子接滴下的鹅油,避免鹅油着火烧焦鹅肉。烧烤前需生火将炉烧热,以便烧制均匀。烧鹅要一只一只地烤,烧烤时要用铁支不停转动铁杆,使鹅身均匀受热,并适时添加柴火。

◎ 荔枝柴烧鹅成品(李伯镇摄)

◎ 烧鹅炉(李伯镇摄)

◎荔枝柴烧鹅制作过程（李伯镇摄）

历史渊源

早在明洪武年间，大岭山矮岭冚村就有烧鹅的习俗。每年除夕、正月初二、农历五月初五等传统节日，家家户户都用烧鹅庆祝。经过几百年的传承和改进，矮岭冚村荔枝柴烧鹅打响品牌，在村中向东路两旁，形成一条以荔枝柴烧鹅为特色菜的烧鹅一条街。矮岭冚村于2009年注册"矮岭冚荔枝柴烧鹅"商标，致力于传承和发扬荔枝柴烧鹅这一民间美食品牌。

链接

矮岭冚村位于东莞市大岭山镇中心区，交通便利，面积4.5平方千米，下辖11个村民小组。2017年末，户籍人口3700多人。村中工业经济较发达，有厂房及配套设施面积约28万平方米，拥有工业企业110多家。先后获得"广东省卫生村""东莞市文明村""东莞市市容环境优美村"等称号。

◎荔枝柴（大岭山镇党政办供图）

（供稿：大岭山镇政府；复核：东莞市地方志办）

中山

黄圃腊味

◎ 黄圃腊味（廖源斌摄）

物产简介

黄圃腊味颜色紫红悦目，光泽明亮，红白相间，肥瘦适当，肥而不腻，入口甘香酥软，咸甜宜人，香醇厚实，卖相诱人。原因在于四点：一是材料选用猪后腿肉，因为猪后腿肉厚大而扎实，味香口感好；二是人工切肉，使口感嫩滑有嚼感；三是调味料选用合理，酒、糖、盐搭配相宜，没有防腐剂；四是烘焙温度掌控得当。"抢色"是控制传统腊味色泽最重要的烘烤技术，也是腊味生产中关键的一环。如果"抢"好了，是色香味俱全的腊味；"抢"得不好，轻则色泽暗淡，重则产品报废。"抢色"是一个需要长期积累经验的烘烤技术，主要依靠烘烤技术师傅一代代传承。2009年，黄圃腊味传统制作工艺被列入广东省第三批省级非物质文化遗产名录。

◎ 黄圃镇镇貌（黄圃镇档案馆供图）

历史典故

相传,在大黄圃有一个叫王洪的卖粥老人。清光绪十二年(1886年)冬季某日,天气奇冷,寒雨纷飞,王洪剩下大量粉肠、肉片卖不出去,无奈之下他用酒、盐、糖、酱油等调味料把肉切粒状腌起来,以粉肠为瓣衣,塞入猪肉料,以水草为绳分截绑好,悬挂于烧猪炉内烘焙。天晴后,再经过数日风吹日晒,食之别有风味,且耐储藏。后来,王洪及坊间人不断改进制作方法,设档出售。因制品形如猪肠,且在腊月制作,故名腊肠。2006年黄圃腊味被确认为国家地理标志产品。

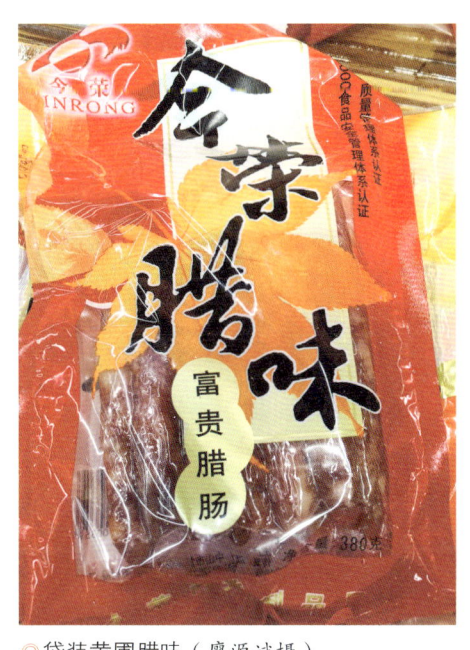

◎袋装黄圃腊味(廖源斌摄)

链接

黄圃镇位于中山市的最北部,西北面向佛山市顺德区,东北隔河与广州市番禺区相望,位居珠江三角洲中部都市圈发展中心板块,与广州、深圳、珠海等多城市同处1小时交通圈内。全镇面积88平方千米,辖12个行政村和4个社区;2018年,户籍人口9.3万人,外来人口5.8万人。

(供稿:冼云嫦;复核:中山市地方志办)

中山

神湾菠萝

物产简介

神湾菠萝种植于丫髻山。丫髻山海拔386米，日照充足，土壤主要为黑泥白沙，拥有丰富的铁质，山水清澈带有甜味，水质偏碱，这种独特的地理条件，为神湾菠萝的种植提供了优良环境。5—6月是神湾菠萝的成熟季节。神湾菠萝果皮绿中带黄，果皮上果眼大，果皮间沟壑深，果皮薄而果肉厚，果肉金黄色，肉质细而多汁，果芯爽脆可吃，无渣，味道清甜无酸味，食用后唇齿留香，回味无穷。2016年神湾菠萝被确认为国家地理标志产品。

◎果园里的菠萝（神湾镇党政办供图）

历史渊源

神湾菠萝的主要产区沙岗村如今已经是久负盛名的农业生态旅游区，每年5—6月，众多游客专程来此品尝。1915年，华侨李国汉将菠萝种苗从秘鲁带回沙岗村，尝试种植成功后就在长岗村全面推广种植，最终形成了现今俗称"金山种"的菠萝。20世纪30年代，神湾菠萝

◎神湾菠萝售卖（郑建辉摄）

收获后，多数被包装运到澳门批发零售。1949年后，菠萝种植突飞猛进，多时1000多亩。但其后几近停产。直到改革开放以后，神湾菠萝才重新种植。

◎沙岗村的菠萝园（李振杰摄）

链接

沙岗村位于中山市神湾镇中东部，丫髻山西麓山脚，分布呈块状。沙岗村面积大约0.5平方千米，东傍丫髻山，南望铁炉山，西临沙岗围仔坑，村东面有平山湖水库，环境优良，空气清新，景色优美。沙岗村拥有较长的种植菠萝历史，有丰富的种植经验。神湾菠萝的种植地在丫髻山西南麓山地，是中山市神湾镇重要水果产区。

（供稿：郑建辉；复核：中山市地方志办）

◎沙岗村村貌（赖泽鸿摄）

中山

五桂山沉香

物产简介

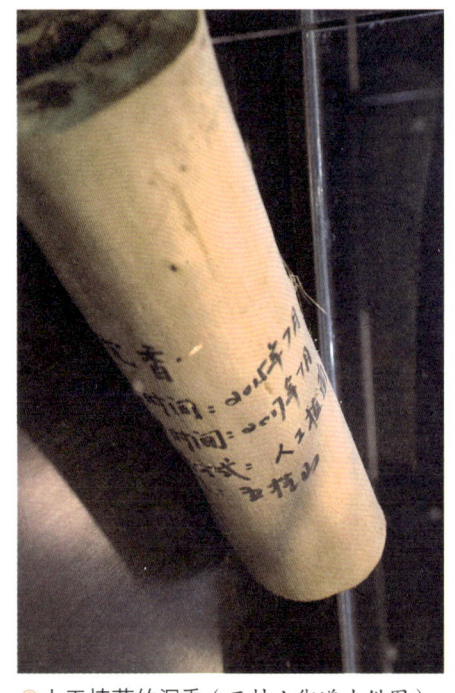

◎人工植菌的沉香（五桂山街道办供图）

五桂山上的野生沉香是中山境内最多最集中的，也是沉香植株保存最完好的地方。在古代，每年都会有大批沉香从五桂山区进贡朝廷，该地因盛产沉香而被称为"香山"。沉香作为一种优良的乡土阔叶树种，四季绿叶茂盛，生长速度异常快，有较强的抗病能力，所以容易栽培。沉香树有花且花香清淡，有较高的药用价值。

传说故事

五桂山流传着一个关于曾哥潭的传奇故事。从前，一对曾姓夫妻从外地来到桂南村水潭边定居，他们勤劳勇敢且富有智慧。由于在潭水边生活，日日夜夜看着潭水的流动，受到水流冲力的启发，创造了舂米水力器械碓来减轻劳力。至此，他们生活轻松多了，村民也因

◎沉香产品（五桂山街道办供图）

○沉香产品——沉香棒（五桂山街道办供图）

而受益。然而，天有不测风云，一次突如其来的山洪，把他们辛苦制作的水碓冲走了。为了抢救劳动成果，曾哥夫妻奋不顾身跳入潭中，结果被山洪冲走，人们为了纪念他们，便将此处水潭取名为曾哥潭。

链接

桂南行政村石井村，坐落于五桂山街道的东南部，距离街道办事处约9.8千米，在中山市五桂山森林保护区的中心区域，周围山林环绕，空气清新，气候适宜。清咸丰年间，温姓族人迁移至此建村，因村落四周皆是石，地名为石井岗，村名为石井村。2015年末，石井村有户籍人口43人，皆为客家人，通用客家方言。该村富有沉香资源，野生土沉香数量多达上万株，被认为是国内野生土沉香保存最多的区域。

○石井村村貌（五桂山街道办供图）

（供稿：顾文丽；复核：中山市地方志办）

中山

东升脆肉鲩

◎脆肉鲩鱼收获（赖泽鸿摄）

物产简介

东升脆肉鲩是中山市特有鱼类品种，初产于长江水库（长江水库位于中山市区东南部，五桂山之北，因处长江坑，故名），后在中山市东升镇、东凤镇等地大面积养殖。这种鱼是通过向鲩鱼成鱼投喂一段时间的蚕豆而培育的特别的鲩鱼品种。这种方法养出来的鲩鱼外形如旧，但是肉质发生了巨大变化。鱼肉结实而爽脆且鲜味十足，蛋白质含量比普通鲩鱼高，其中鱼肚部分尤为突出。由于鱼肉有韧性，久煮而不易烂，可以多法烹调。2008年，经国家质检总局批准，东升脆肉鲩被确认为国家地理标志产品。

历史渊源

脆肉鲩，20世纪70年代由中山县长江林场在长江水库旁利用水库的优质山泉水培育成功，因肉质结实爽脆而得名。1987年，东升镇在鱼塘试养成功，因水源充足，水质好，进、排水方便，后逐步推广养殖达8000亩。东升脆肉鲩鱼销量好、效益高，畅销省内外和港澳地

◎捕捞脆肉鲩（赖泽鸿摄）

区。2003年，东升镇生产的"东裕牌"脆肉鲩鱼被评为广东省名牌产品，并取得无公害水产品认证；2005年，被评为中国名优产品。2006年，国家农业部渔业局授予东升镇"中国脆肉鲩之乡"称号。

链接

东升镇坐落于中山市的西北部，东邻港口镇，南接石岐区，西连横栏镇，北靠小榄镇，总面积达75.82平方千米，下辖8个社区和6个行政村。2016年末，常住人口12.48万人，其中户籍人口7.87万人。

（供稿：梁少群；复核：中山市地方志办）

◎东升镇镇貌（东升镇党政办供图）

中山

海洲鱼饼

◎ 榕树头鱼饼(中山市地方志办供图)

物产简介

鱼饼,作为中山海洲的一种传统美食,至少有百年以上的历史。一般选用鲮鱼,早先用手工操作:刨鳞、削肉、剁碎、捣泥、揉搓、煎炸,现剁碎工序用机器代替。海洲鱼饼甘香不俗,爽而韧,嫩滑而不散,隔夜无馊味,皮香肉滑,金黄纯净,佐饭下酒,无不赞叹。尤以北海村榕树头鱼饼店最为有名,该店开张至今80多年,前后四代人经营,2003年申请"海洲鱼饼"商标,2006年获中山名菜名点金牌,声名远播。

◎北海榕树头鱼饼店（中山市地方志办供图）

历史渊源

古镇镇位于中山市西北部，西面靠近磨刀门水道。古时，古镇这片区域是一大片海湾中的一个小孤岛，隶属于新会县，孤岛上中心位置有一座山，名叫大冈山，也就是后来的古镇山。北宋末年，有古氏族人从南雄珠玑巷迁此定居，得地名为古溪。到清代中期，这里已经扩建成圩镇，后改称古镇。1957年设古镇乡，1986年称古镇镇。

链接

海洲行政村北海村，位于中山市古镇镇的北部。泾河横穿而过，东面邻麒麟村，东南面接红庙村，南面连教昌村，北面邻佛山市顺德区均安镇，面积0.8平方千米。

（供稿：梁凤梅；复核：中山市地方志办）

◎古镇镇貌（中山市地方志办供图）

中山

小榄荼薇花

物产简介

小榄荼薇花,早在400多年前的明嘉靖年间就开始种植,其中最负盛名的产区是小榄镇永宁宜南村附近。除了作花卉观赏外,村民还用荼薇花制成十分流行的花茶(当地人称为熏茶);或者用来制作荼薇花酒,别具一番风味;或制成蒸露水;或做成糖,成为小吃;甚至可以作为一味中草药。小榄荼薇花为悬钩子蔷薇品种,并不是中国原生原产,是海外传入中国的花。清代《花镜》和《广东新语》中记载为"番荼薇",清光绪五年(1879年)编写的《香山县志》中记载为"洋荼蘼"。

◎小榄荼薇花(永宁社区供图)

◎荼薇花苗圃(小榄镇党政办供图)

◎荼薇花采摘（小榄镇党政办供图）

◎荼薇花加工（永宁社区供图）

历史渊源

荼薇花原产地是今高加索地区。荼薇花对于土地、气温等自然环境因素要求极高，若是在荼薇花含苞待放时遇到雷雨，被一阵暴雨冲刷，花蕾就会凋谢。在人们的细心呵护下，荼薇花成为远古蔷薇品种中少数得以保存至今的品种之一。荼薇花的种植历史，除了可在《香山县志》中找到记录，还见于宋代赵汝适所著的《诸蕃志》。

链接

永宁社区，位于中山市小榄镇的西北部，总面积约7平方千米。永宁社区现辖螺沙、宜男、沙垄等14个村民小组。毗邻港澳，水陆交通发达，陆路是广珠公路与广湛公路的交叉点，距广州63千米，至拱北84千米，水路可通香港、澳门、广州、梧州。

（供稿：何耀雄；复核：中山市地方志办）

◎永宁社区一角（小榄镇党政办供图）

中山

小榄荼薇酒

◎ 20世纪90年代中山酒厂生产的小榄荼薇酒（小榄镇党政办供图）

物产简介

小榄的荼薇酒相传于明代开始酿造，距今已有300多年历史。荼薇酒最初叫荼薇露，皆因明清时期凡以花果所酿之酒多名"露"之故。小榄的荼薇酒可分为两大类型，一类是坊间用米酒泡浸花瓣酿制，另一类是专业酒坊蒸馏制作。这两类都是以荼薇花作为香料，以米酒为酒基，将荼薇花的自然香气，完美复制到浓香型白酒之中，花香同酒香浑然一体，蜜香清柔、幽雅纯净、绵甜醇厚，不辛、不辣、不冲，给人以朴实纯正、爽冽纯醇之美感。

历史渊源

20世纪20—30年代，小榄的酿酒业产销两旺，最盛时，在几平方千米的弹丸之地内，酿酒作坊有50多间，主要集中在小榄旧城区（即今新市社区一带），这些作坊大多是家族式经营或由米机（碾米厂）兼营，产品以肉冰烧、菊花酒、荼薇酒较多。20世纪70年代后期，中山

◎ 2015年生产的小榄荼薇酒（小榄镇党政办供图）

酒厂通过公私合营集中了小榄各家酒坊的酿酒工艺，对荼薇酒生产工艺在"遵古法制"基础上进行了提升改造，经改良后，所出的荼薇酒品质上乘，产品更香醇，风味更独特，成为小榄的畅销物产，远销海内外。"小榄荼薇酒"之名由此而来。

链接

新市社区，位于中山市小榄镇中北部，距镇政府约2千米。新市社区横跨新旧城区，东接沙口，南邻东区，西北两面分别与永宁、竹源、北区等社区交错相连。总面积约5.2平方千米。村民主要有何、李、梁等姓。世居村民为汉族，广府民系，使用粤方言沙田话。

（供稿：何耀雄；复核：中山市地方志办）

◎ 新市社区风貌（小榄镇党政办供图）

中山

西罟石硖龙眼

物产简介

石硖龙眼,又名脆肉、十叶等,适宜在山地种植,具有极其顽强的生命力。石硖龙眼有3个品种,分别为宫粉壳石硖、黄壳石硖和青壳石硖。石硖龙眼果实硕大,果肉清甜,早在清代赵古农所编写的《龙眼谱》中就有记载:"粤之龙眼,当十叶为第一,十叶之名,俗化作石硖。"脆肉石硖龙眼树叶晾干后又可以做茶,有甘甜、消滞、解渴、通便等优点。2013年,西罟步村的龙眼合作社和村委会成功注册"罟步石硖"和"西罟石硖"两个商标。2018年,全村有龙眼树约2万株,其中百年龙眼树多株。村内几乎家家种植龙眼。

历史渊源

西罟脆肉石硖龙眼历史悠久,100多年前,村民从邻近的小榄带来石硖龙眼和乌圆龙眼树苗种植于龙涌一带,石硖龙眼果肉甜脆坚韧但果较小,乌圆龙眼果大但肉薄,经过人工嫁接和选育后培养出脆肉石硖龙眼。脆肉石硖龙眼的优点果大脆甜,深受群众喜爱。每年龙眼成熟季节,合作社集中农户优质的龙眼,包装成品牌农产品出售。

◎石硖龙眼(王傅摄)

◎ 2018年西罟步村首届脆肉石硖龙眼比赛（东凤镇党政办供图）

链接

西罟步村位于中山市东凤镇的东南部，因西江支流冲渍淤成数个沙洲，经常有渔民在此晒渔网而名"罟埗（埠）"，后来取谐音"罟步"，此沙洲也被称为罟步沙。西罟步村位于罟步沙的西部，聚落在中心河排河两侧，呈线、点状分布。东凤旧公路穿过村中，东阜公路经过村东北侧，小榄水道流经村西南边。

◎ 龙眼叶产品（东凤镇党政办供图）

◎ 西罟步村村貌（东凤镇党政办供图）

（供稿：麦淑贤；复核：中山市地方志办）

江门

杜阮大顶凉瓜

物产简介

杜阮大顶凉瓜瓜型肥大，外形似木瓜，平顶粗壮，肉质厚实，瓜皮色绿，味微苦而甘，瓜肉爽脆无渣，以质优形美著称。当地餐厅喜欢将凉瓜皮削去，制出如盐水凉瓜、凉瓜炒牛肉、豆豉凉瓜皮等菜式，奶茶店有榨凉瓜汁出售，有清热、祛火的功效。2013年12月30日，经农业部批准，杜阮凉瓜被确认为国家农产品地理标志产品，获得了农业部颁发的"无公害农产品证书"和广东省食品行业协会授予的"广东岭南特色食品"称号。

◎大顶凉瓜（蓬江区地方志办供图）

◎杜阮镇镇貌（蓬江区地方志办供图）

优势环境

杜阮大顶凉瓜之名源于其产地与瓜形。杜阮镇盛产凉瓜，且质优，又因瓜形肥大，与木瓜相似，平顶粒粗，因此当地人称之为"杜阮大顶瓜"。其与普通凉瓜的种植方法大同小异，却能被确认为国家农产品地理标志产品，主要是由杜阮独特的地理位置和自然条件所决定的。一是土壤，杜阮镇多为砂页岩土壤，含钾丰富，土层深厚，土质疏松肥沃，保水保肥力强，属碱性土壤，很适宜杜阮凉瓜生长。二是气候，杜阮凉瓜喜温耐热，生长发育适宜温度为20—30℃，而杜阮镇春、夏、秋三季气温适宜。三是水分，杜阮镇三面环山，形成了袋形地势，有优质山泉水自然灌溉，非常适合凉瓜生长。

◎金奖"凉瓜王"（蓬江区地方志办供图）

链接

杜阮镇位于江门市蓬江区西部，总面积80.9平方千米。2018年末，户籍人口约5万人，下辖4个社区、19个行政村。特色农产品有凉瓜、草莓等，传统特色食品有番薯干、炒米饼。

（供稿：杜阮镇党政办；复核：蓬江区地方志办）

江门

罗氏柑普茶

◎ 柑普茶晒制中（蓬江区地方志办供图）

物产简介

罗氏柑普茶的主要原材料是云南普洱茶和新会柑，选材、制作及晾晒都有其独到之处，从采摘原材料到制作乃至天然生晒，每一个环节都不容忽视。罗氏柑普茶制作技艺至今仍延续着传统手工制作方法。首先，将鲜采的新会柑洗干净，用圆管在柑的上部切开柑口，并掏空果肉，晾干；然后，将普洱茶塞实整个果囊，再盖上割下的柑皮，将果子恢复原状；再把填充好的柑普茶拿到室外晒干；最后，将柑普茶一个个绑成串挂起来保存。罗氏柑普茶采用天然生晒，茶汤不火不燥，冲泡后的果皮表层仍保持采果时的色泽。罗氏柑普茶制作技艺是良溪"后珠玑巷"文化中不可或缺的一部分。2016年，罗氏柑普茶制作技艺被列入第六批广东省非物质文化遗产名录。

◎将新会柑挖空取肉（蓬江区地方志办供图）

◎外国友人点赞罗氏柑普茶（蓬江区地方志办供图）

历史典故

罗氏柑普茶，据说由清道光年间进士罗天池始创。良溪村罗天池被誉为"粤东四大家"之一，曾在云南任职。清道光二十七年（1847年），他辞官后将普洱茶带回乡，发现陈皮汤泡普洱茶对舒缓咳嗽痰多有奇效。为方便冲泡和储存，罗天池制作了柑普茶，口传身授教乡人制作。罗氏柑普茶制作技艺传承了民间茶文化精髓，通过天然生晒等传统制作方法，使外壳保持柑桔的原状，内以普洱茶填充，优质茶叶吸收了柑桔的成分，风味独特。

链接

良溪村位于江门市蓬江区棠下镇北部，距镇政府约2千米，与鹤山市雅瑶镇相接，面积7.56平方千米。2018年末，常住人口1880人，约500户人家，据调查，有80%是罗姓，少数是谢姓和何姓。

（供稿：棠下镇党政办；复核：蓬江区地方志办）

◎良溪村村貌（蓬江区地方志办供图）

江门

米团糍

◎米团糍成品（蓬江区地方志办供图）

物产简介

米团糍，也称团糍，形如年糕，跟糍粑相似，入口香软，美味无比。一般在春节前，冬至前后开始做。制作团糍，用当地出产的粘米作为原料，需经过浸米、磨浆、搅浆、搓糍、蒸糍、冷却6个基本步骤。首先要将晚造优质粘米淘洗后浸泡一夜，再将米磨成米浆，放入铁锅中用木勺或木铲不停搅动，直到搅成糊团状。搅浆之后，进入搓糍环节，一般搓成巴掌大小的扁圆形状，也可以根据自己的喜好，搓成元宝状、慈姑状或桔子状，寓意来年五谷丰登、招财进宝，搓好的团糍蒸2.5—3小时就可以了。

历史典故

◎制作米团糍（蓬江区地方志办供图）

米团糍，据说与罗贵南迁有关。南宋绍兴元年（1131年）罗贵率36姓97户南迁时，他创制米团糍作为迁徙途中的干粮。后辈迄今仍保留过年吃米团糍的习俗。一般吃米团糍是在除夕或正月初二，刚出炉的米团糍可以直接吃，经过保存的米团糍可搭配相应的配料。由于米团糍味美易存，深受人们喜欢，并逐渐向周边村子扩散，现已成为闻名江门的一种节庆食品。

链接

良溪村位于江门市蓬江区棠下镇北部，距镇政府约2千米，面积7.56平方千米。良溪村源远流长，据史书记载，南宋绍兴元年，南迁始祖罗贵带领36姓共97户人家携妻带子，从南雄珠玑巷南迁至良溪村安家落户，其子孙又在五邑及珠三角周边地区繁衍。良溪村于2006年被广东省历史学家誉为"后珠玑巷"，2008年9月被认定为广东省古村落，2014年3月被评为第六批中国历史文化名村。

◎罗氏大宗祠（蓬江区地方志办供图）

（供稿：棠下镇党政办；复核：蓬江区地方志办）

江门

江门铜虾

物产简介

江门铜虾为特色工艺品，选材为紫铜片、黄铜片、铜丝。紫铜又名红铜，因其色紫红而得名，黄铜片、黄铜是由铜和锌所组成的合金，铜丝是由热轧铜棒不退火拉制而成的丝。虾身选用紫铜片制作，从虾头开始编织到虾尾，形成一只铜虾的基本形状，编织完成后，剪出12条约5厘米长的紫铜片制作6对虾脚镶嵌于虾身；剪出2条约10厘米长的紫铜线制作成虾钳镶嵌于虾头，再对编织时多余的紫铜片进行修剪。虾壳选用黄铜片剪裁出适合铜虾身型的虾壳进行镶嵌固定。虾眼选用细小的铜丝和塑料珠子镶嵌固定。此外，还可将铜虾放在瓷盘、小型假山上定型。

◎铜虾艺术品（蓬江区地方志办供图）

历史渊源

江门铜虾，为潮连芝山社区八旬老人潘陆首创。潘陆人称六公，年轻时学习画画，画得最多的是虾。一次偶然的机会，潘陆冒出一个念头，"可否用材料制作呢？"刚开始，他用纸当材料，后来发现用铜来制作更能表现虾的骨感和动感，且易于保存。经过反复试验和改良，六公用铜片、铜丝，还有铁钳等工具制作出第一对铜虾。再后来，他用镊子、弯嘴钳等简单工具制作出铜虾和秋蝉，形象生动，惟妙惟肖，《碧波群虾》《大龙虾》《戏虾》《秋蝉共鸣》等作品曾代表江门市参加了第三届广东省民间工艺精品展。

◎潘陆在制作铜虾（蓬江区地方志办供图）

链接

潮连街道位于江门市蓬江区东部，是西江江心绿岛，东接中山古镇，南邻江海区外海街道，西靠江门市区，北望蓬江区荷塘镇，距离江门市中心城区及新城区仅一江之隔，面积约12.68平方千米。

◎潮连街道芝山大井村村貌（蓬江区地方志办供图）

（供稿：潮连街道办；复核：蓬江区地方志办）

江门

东艺宫灯

◎东艺宫灯（蓬江区地方志办供图）

物产简介

东艺宫灯采用木料、玻璃等传统材料制作。木材制造灯架及龙头挂件、配件，丝穗用以编织最具中国传统特色的中国结、流苏等挂饰。制作工艺包括开料、出槽、挑花、拼件、配活插件，在绢、玻璃上作画、上色，并固定、安装、结穗、挂饰、装灯。其雕刻法，是以铁丝锯穿，再用刀刻，用铁丝磨其空隙，多次打磨修整。插扇根据宫灯大小取材定制。画玻璃是在内壁作画，先将玻璃内壁磨砂，有利光线透出，然后再画上中国传统花鸟山水画，题字是反写的，以简洁明晰为主。绘画使用特制颜料，俗称"灯胆油"，以求光线透出，并能映出透彻的中国花鸟画。在玻璃上作画比绢布更具耐久性及安全性，极具观赏和艺术价值。

东艺宫灯采用折叠式设计，便于携带、装配简单。宫灯分高、中、低档，高档用缅甸红木、中档用柚木、低档用日本白木等，以不易变形为基本要求。尺寸从2.5厘米×2.5厘米至150厘米×150厘米不等，2002年吉尼斯世界纪录为28米×9米。2012年，东艺宫灯被列入广东省第四批非物质文化遗产名录。

◎东艺宫灯集市（蓬江区地方志办供图）

历史典故

相传南宋末年，一李姓宫灯匠人流落江门，带来宫灯制作技艺。清光绪年间，其后人李希焱在江门长堤开设了宫灯瓷业行。1930年，李希焱之子李发继承祖业，其妻担心祖国文化瑰宝在内战中失传，用两年时间将故宫紫禁城的饰物白描并记录注释。李发将宫灯生意转移到香港后，按照妻子描绘的宫廷饰品图案加以改造，制成现代宫灯。1949年，东艺宫灯获英国灯具结构专利；先后6次获香港工业展览会金奖。改革开放后，李氏后人将东艺宫灯制作技艺重新带回江门故里。

链接

杜阮镇位于江门市蓬江区西部，西接鹤山市，南倚广东省级风景名胜区新会圭峰山国家森林公园，毗邻港澳，地处珠三角西部丘陵地带，是广东省沿海经济带的工业卫星镇。"杜阮"镇名的由来，源于隋代以前，当时此地为盆允县治，当地方言"盆允"与"杜阮"谐音，故称"杜阮"。

◎东艺宫灯（蓬江区地方志办供图）

（供稿：杜阮镇党政办；复核：蓬江区地方志办）

江门

古井烧鹅

| 物产简介 |

古井烧鹅是新会招牌菜,历史悠久,制作方法独特,从选料到烧制都很讲究。常用的鹅种是乌鬃鹅,每年清明和重阳节前后孵出的一个半月大的鹅苗,在当地鱼塘里养至三四个月大,约重3.5千克。当地的这种鹅不受污染,肉质最好。烧鹅的时候先用醋涂抹鹅身,晾干,再用生抽王混合砂糖、盐、酒、蒜茸、五香粉和独门秘方配制的酱料塞入鹅肚内,用绳扎紧,并以麦芽糖涂抹鹅身,挂入热炉内烧。在烧的时候,要十分注意火力的均匀度,以荔枝木为燃料,这样烧出来的鹅皮脆汁美、甘甜可口,有荔枝香味,深受食客喜爱。2011年,古井烧鹅被列入江门市第二批非物质文化遗产名录。

◎烧鹅切盘(新会区地方志办供图)

◎古井墟镇全景(新会区地方志办供图)

◎出炉烧鹅（卢锦权摄）

典故传说

相传南宋祥兴二年（1279年），南宋军队与元军在崖山进行大规模海战（史称崖山海战）。宋军最终大败，丞相陆秀夫背着少帝赵昺投海自尽，十万军民拒不投降蹈海殉国。一位在南宋宫廷里负责制作烧鹅的御厨，带着女儿逃亡到新会银洲湖西岸的仙洞村。而后，凭着高超手艺，他在仙洞村开了一间烧鹅店，把烧鹅烧得色香味俱全，很快便声名远扬。后来御厨的女儿嫁到银洲湖东岸的古井镇，也把父亲秘制烧鹅的手艺带到了古井，并世代相传。古井烧鹅由此而来。

链接

古井镇位于江门市新会区东南部，距江门市区约19千米，面积112.34平方千米。在古井烧鹅中，最负盛名的是霞路村烧鹅。霞路村位于古井墟偏北1千米，下辖4个自然村，13个村民小组，面积9.86平方千米。村内的天成街是烧鹅一条街，各方食客慕名而来，其中恒益烧鹅和平香烧鹅最为出名。

（供稿：古井镇政府；复核：新会区地方志办）

江门

新会陈皮

物产简介

新会陈皮原料为新会产的大红柑干果皮，质轻而柔软，不易折断，香气醇而浓郁，味甘香，微辛但不甚苦，具有很高的药用价值，且有理气、健胃、燥湿、祛痰的功效。在菜肴中加入陈皮，可除去鱼肉的膻腥气味，使菜肴更为可口。在制作绿豆沙、红豆粥等甜品之时，也可加入陈皮，使其清香美味。

历史渊源

陈皮入药已有700多年的历史，柑皮以贮藏的时间越久越好，故称陈皮。陈皮以广东所产为佳，在历史贸易中特称广陈皮，因为新会陈皮在广陈皮中尤为优质，所以称之为新会陈皮。新会陈皮制作技艺已被列入广东省非物质文化遗产名录。

◎刚晒干的陈皮（陈丽珍摄）

链接

新会陈皮质量较好的产区有天马村、茶坑村、梅江村等，均为江门市新会区会城街道下辖的行政村。其中天马村距离新会中心城区10千米，总面积6.5平方千米，下辖6个自然村，33个村民小组，2012年被认定为广东省古村落；茶坑村是梁启超的故乡，位于新会以南12千米，总面积7.8平方千米，有14个村民小组，2015年获得"2015年度中国十大最美乡村"称号；梅江村位于会城街道南部，总面积0.26平方千米，下辖12个村民小组。江门市新会陈皮村市场股份有限公司投资5亿元打造的新会陈皮村位于江门市新会区茶坑村牌坊对面，毗邻小鸟天堂、梁启超故居，占地面积约10.3万平方米，集陈皮制作、储存、交易、特色餐饮、休闲养生、文化旅游于一体，是新会区第一家陈皮产业运营平台。

（供稿、复核：新会区地方志办）

◎新会老陈皮（陈丽珍摄）

◎新会陈皮村（新会区地方志办供图）

江门

外海面

◎生晒外海面（江海区地方志办供图）

◎晒外海面饼（江海区地方志办供图）

物产简介

外海面因产于江门外海而得名。外海面与其他面条最大的不同在于打面（擀面）的方法。主要用鸡蛋、面粉等做原料，反复搓匀，将一条长2米、直径12厘米的竹升（粗竹杠）套在拴于面板上的藤圈里，将和好的面团放在面板上，用竹升对面板上的面团反复地弹压，以增加面的筋度，使面条富有弹性。每弹压一遍，撒些生粉，对折起来，又弹压一遍，直到起筋（达到一定筋度）为止。打面时，打面师傅全身骑在大竹杠上，上下跃动，弹压面团，待面团薄如布匹后，再用利刀把面切得细如银丝，最后将面放在太阳下晒干保存即可，所以外海面也有"银丝面""竹升面"的美誉。这种方法制作出来的面条，柔韧且有弹性，煮食时不会黏、糊，美味可口。外海面从百年前发展至今，研创了很多口味独特的品种，包括云吞面、牛腩面、鲜虾面、蔬菜面、狗肉面、鱼蓉面、虾子面等。

历史渊源

外海面有百年以上的历史，其手工制作工艺在清末时已在外海盛行。20世纪20年代，外海的摊贩就流行挑着担子、边走边敲着竹板叫卖外海面。30—40年代，外海面制作工艺及其经营十分兴旺,出现泽记、东和、南记、友仔记、华仔记等"前店后厂"的面铺,又以华仔记最为有名,有苏记、培记、福记、怡香等面店;还有流动面担,走街串巷时敲击着两块竹板,发出"笃得笃得"之声,以招揽顾客。50—60年代,街上流动面担消失。1958年底,合作化运动开始,所存的个体面铺全都转为外海茶室和工农茶楼。60年代末,外海面的制作开始半机械化,用摇式机械加工面条。70年代到80年代初期,个体加工面食的作坊再现。从80年代中期开始,外海面行业向江门市区扩展,迄今已有20多家面食店铺,其中规模较大的有黎记、成记、李记、名鲜、圆圆、陈记等。2007年,外海面制作工艺被列入江门市非物质文化遗产名录。外海面以其制作精细和风味独特而闻名,成为江门一种独具特色的传统食品,在珠三角、港澳地区也有一定的品牌知名度。

◎ 外海竹升面制作(江海区地方志办供图)

◎ 2011年中央电视台拍摄外海面(江海区地方志办供图)

链接

江海区外海街道,位于江门市东部,东与中山市古镇镇隔河相望,南与江门市新会区睦州镇相连。2017年,下辖21个行政村(社区),面积47.1平方千米,户籍人口5.5万人,外来人口6.6万人。外海地理位置优越,交通便利。陆路方面,江中等四条高速贯穿全境,广珠轻轨江门支线在外海设置江海站。水路方面,是西江和江门河交汇点,外运码头、江门市全通关港澳港口江门港设在外海西江河边。外海街道具有悠久的历史和丰富的文化底蕴,旅游资源丰富,素有"文化之乡"的美誉。著名的旅游景点包括佛教名寺外海茶庵寺、陈少白故居、具有清代建筑艺术风格的外海陈氏五大祠和白水带公园等。

(供稿、复核:江海区地方志办)

江门

台山玉

物产简介

台山玉,融合了寿山大石、翡翠、和田玉的优点,既有和田玉的温润厚重,又有翡翠的灵动艳丽,更有寿山田黄的高贵质色,华贵而不张扬,内敛而大气,可谓集众多玉种优点于一体的稀有玉石新贵。台山玉的质色,犹如寿山田黄般高贵,被赏玩人士誉为"台山田黄"。台山玉得到社会各界人士的认可,多次在全国各地展览评奖中获奖。

◎《寻梦》(林文乐作,蓬江区地方志办供图)

优势环境

碧波荡漾的中国南海,孕育了无数瑰宝精华。而北陡镇那琴村一带独特的地理环境,造就了台山玉优美多姿的形态。那琴,因地理形状像手提琴而得名。那琴村坐落于山间盆地之中,面临南海,有海拔约350米的虎头山、树山,那琴河自北向东注入南海的镇海湾。有长达2千米的天然沙湾——浪琴湾,还有大小不一的沙湾20多个尚未开发。除台山玉外,那琴辖区内有葵田山、北渡山等,面临大海,风力资源丰富;附近铜鼓坑、三夹水、黄花湾等储存有黄蜡石;松柏良迳山出产瓷泥;海滩面积86.7万平方米,咸围面积20.7万平方米,养殖鱼、虾、蟹等;红树林面积10万平方米,山地面积1398万平方米,农业主产稻谷、番薯。

◎《祈福》(林镇作,蓬江区地方志办供图)

◎《仁者乐山》(林鸿作,蓬江区地方志办供图)

链接

那琴村,位于江门市台山市北陡镇西南面20千米处,以容姓为主。容姓先祖沙公从新会荷塘迁至台山,于明代中期迁到那琴立村定居,至今已近600年。

(供稿、复核:台山市地方志办)

阳江

阳江豆豉

物产简介

豆豉古称"幽菽",也叫"嗜"。阳江豆豉生产制作历史悠久,主要选用阳江当地所产的黑豆,加上独特的传统加工工艺,成品色泽乌黑油润、豉肉松化、豉味浓香、风味独特、鲜香可口、富于营养,是蒸鱼、肉、排骨和炒菜的调味佳品,也是食品加工的理想原料。阳江豆豉不仅是一种优质调味品,更是一种具有药用价值的食物。2013年阳江豆豉被确认为国家地理标志产品。

◎ 豆豉(叶媛媛摄)

◎ 搬运阳江豆豉(梁文栋摄)

◎豆豉生产（曾林开摄）

历史渊源

阳江豆豉历史悠久，闻名于世。早在明末清初，阳江就已制造出色、香、味俱佳的豆豉，其历史渊源出自一民间故事。传说在很久以前，有一名叫窦氏娘的妇女，有一年大旱，庄稼颗粒无收，只能靠乞讨度日。有一天，她把吃剩的熟黑豆放入瓦罐装好，摆在角落里以备饥时再用。1个多月后，窦氏娘发现这些豆子全长出了白色的绒毛，窦氏娘只好将发了霉的熟豆子洗干净，为不让豆子再发霉，她又加了些盐进去。又过了几十天，窦氏娘偶然打开了瓦罐，闻到了一股奇异的香味，于是窦氏娘把它伴着饭吃，越吃越香。从此之后，这种加工熟豆的方法就流传开来，人们为纪念窦氏娘，就把这种豆子称为"窦氏"。由于它是豆制品，后人又把它称为"豆豉"。早期阳江豆豉产销量较高的店号是"三德豆豉"。

链接

阳江豆豉产地范围较广，遍布整个阳江市，主要有阳西县、阳东区、江城区、阳春市、海陵岛经济开发试验区、阳江高新技术产业开发区共6个县区。

（供稿、复核：江城区地方志办）

阳江

春砂仁

◎春砂仁鲜果（阳春市地方史志办供图）

物产简介

春砂仁是阳春市历史悠久、驰名中外的特产，唐代李珣的《海药本草》和宋代的《开宝本草》、明代李时珍的《本草纲目》均有记载，古时列为贡品。1985年春砂仁在北京被评为优质药材。春砂仁主要作为药用原料，香气浓郁，味辛辣，具有健胃、旺气、消食之功效。据《全国中成药产品目录》统计，以春砂仁为主要材料的中成药有开胃健脾丸、香砂理中丸、腹痛止泻丸等104种。春砂仁酒、春花白酒、嘉华春酒等以春砂仁为主要材料酿造，酒味香醇独特，为酒中佳品，饮誉中外。2017年，阳春市春砂仁种植面积1333万多平方米，年产干果20吨，种植示范基地在春城镇蟠龙金花坑、五楞湾以及春湾镇的新村大石田。阳春市春砂仁种植面积、年产量均为广东省之最，素有"中国春砂仁之乡"的美誉。

◎刚采摘的春砂仁（阳春市地方史志办供图）

◎春砂仁整苗（阳春市地方史志办供图）

传说故事

麻山村有一则关于春砂仁的传说。很久以前,阳春县发生了一次牛瘟,传播范围较广,全县境内方圆数百里的耕牛,一头一头地病死,唯有蟠龙金花坑附近一带村庄的耕牛没有发瘟,而且头头强健力壮。当地几个老农民感到十分惊奇,便召集这一带牧童,查问他们每天在哪里放牧,牛吃些什么草。牧童们纷纷说:"我们全在金花坑放牧,那儿生长一种叶子散发出浓郁芳香、根部发达、结果实的草,牛很喜欢吃。"老农们听后,就和他们一同到金花坑,看见漫山遍野生长着这种草。大家将其连根拔起,摘下几粒果实,放口中咀嚼,一股带有香、甜、酸、苦、辣的气味冲入了脾胃,让人十分舒畅。品尝了以后,大家觉得这种草既然可以治牛瘟,是否也能治人病呢?于是挖了一些带回村中。一些因受了风寒引起胃脘胀痛、不思饮食、连连呃逆的人吃了后,疗效较好。后来人们又将这种草移植到房前屋后栽培,久而久之成为一味常用的中药,这就是"砂仁"的由来。

链接

阳春市春城街道蟠龙行政村麻山村,地处山间谷地,麻山岭脚下,村子呈扇状,坐北向南。蟠龙河从村前约800米处流向漠阳江。主要山岭有麻山岭,海拔180米。村后有一条长坑叫金花坑,是蟠龙春砂仁种植基地。

◎ 麻山村村貌(阳春市地方史志办供图)

(供稿、复核:阳春市地方史志办)

阳江

大八益智

物产简介

◎ 大八益智（叶媛媛摄）

益智是多年生草本植物，茎直立，高100—450厘米。益智以果实入药，有健脾胃、补心、安神、暖胃的功效。既可入药，也可加工成罐头。益智主要产区为广东、海南、广西、云南、福建等地。广东省最大的益智种植、加工基地是阳东区，2006年被评为"中国果用益智之乡"。大八益智，是阳江市阳东区物产，国家地理标志产品，具有渣少、汁多、辛辣适中、口感较好等特点。

历史渊源

益智在广东的主要产地是阳东区的大八镇。清嘉庆版《阳江县志》"物产篇"中说："（阳江物产）药有益母草、金樱子、五味子、益智子……"民国初编的《阳江县志》"物产篇"中记载："益智俗名燕智子，常泡以代茶，产第八。""第八"，即大八镇。大八属山区，以药材生产著称，而

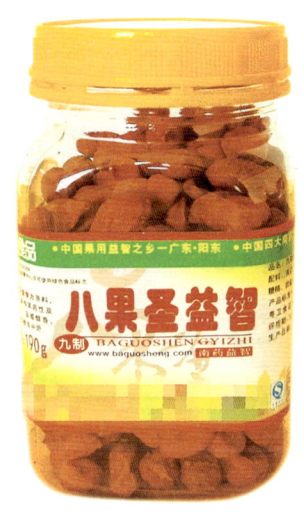
◎ 益智产品（阳东区地方志办供图）

◎ 益智树（阳东区地方志办供图）

益智则是其中的代表产品。20世纪70年代大八镇种植益智107万多平方米，年产益智48吨。1985年，大八镇办食品加工厂，把益智鲜果加工成凉果，扩大了销路，益智种植面积逐年增加，1987年达360多万平方米，产量90吨。2001年，大八益智种子繁育获得成功。2003年，《阳东县大八益智栽培管理技术规程》发布实施。2005年，开始实施《阳东县2005—2010年大八益智发展规划》。2007年，阳东县大八益智专业合作社成立，使大八益智生产走上良种化、标准化、规模化、产供销结合的道路。

链接

阳东区于2014年撤县设区，辖11个镇，其中大八镇是阳东区面积最大、人口最多的镇，位于阳江市阳东区北部，距离市区约26千米。大八镇既是山区镇，又是革命老区镇；既是农业大镇，又是林业大镇。总面积约345.6平方千米，其中耕地面积2933万平方米，总人口约6.4万人，下辖21个行政村和1个社区。

◎ 益智花（阳东区地方志办供图）

◎ 益智子（阳东区地方志办供图）

（供稿、复核：阳东区地方志办）

阳江

双肩玉荷包荔枝

物产简介

阳东双肩玉荷包荔枝,当地又称"长叶子""双关子"。最主要的外观特点是果蒂附近有两处凸起,似人的肩膀。果形圆正,果色鲜红间少泽绿或蜡黄,果实双肩隆起;外果皮厚,少裂果,耐贮运;果肉厚、坚实、晶莹透明、肉脆、味清甜,糖酸度合适,口感好,品质上乘。双肩玉荷包的产量稳定性好,幼龄树、中龄树、老龄树都丰产。

◎双肩玉荷包荔枝(阳东区地方志办供图)

◎采摘后整理(梁文栋摄)

历史渊源

在阳江当地,说起荔枝,无人不识双肩玉荷包。阳东双肩玉荷包荔枝发源于阳东区塘坪镇,塘坪镇的北甘村和红丰镇的钓月村是最早进行规模化种植的地方。塘坪镇北甘村有一棵老树树龄已达735年,该棵荔枝树树围4.5米,树高15米,树冠面积336平方米,年产量约1350千克,是阳东目前树龄最老的荔枝树。早在南宋绍兴二十年(1150年),甘氏族人在甘仔园种下一棵荔枝树,优质而丰产,即阳东双肩玉荷包荔枝的始祖。元至元二十年(1283年),许氏族人从始

◎双肩玉荷包母树(阳东区地方志办供图)

祖树圈出一株苗种在北甘村元角寨,长势很好,每年挂果。后来人们陆续从这棵果树上圈枝育苗,扩散种植。据说,现存距离这棵古树不远的几棵600多年的荔枝树,都是当时一并开枝种下的。20世纪80年代,阳东当地种了近万亩双肩玉荷包荔枝,品种的优良性质逐渐被认可,农科人员对优良株系进行育苗繁殖,并运用先进的科学技术措施,进行大面积推广种植。20世纪90年代至今,阳东双肩玉荷包荔枝一直是阳江地区最主要的荔枝品种。

链接

塘坪镇位于阳江市阳东区西北部,东部与大八镇相邻,南部与红丰镇相接,北部与阳春市岗美镇接壤。全镇总人口约4.7万人,总面积约为197平方千米,其中耕地面积约2753万平方米。下辖16个行政村和1个社区。北甘村是阳东区塘坪镇下辖的一个行政村,与乐郊村、长乐村等村相邻。

(供稿、复核:阳东区地方志办)

◎北甘村风光(阳东区地方志办供图)

阳江

程村蚝

◎程村蚝（阳西县地方志办供图）

物产简介

程村蚝，是阳西县程村镇红光村著名的海产品，是国家地理标志产品。此蚝主要产于程村、溪头、儒洞、沙扒、织篢等十多个镇，但以程村蚝场出产的蚝最为出名。程村蚝具有成活率高、体型大、块肥、味道鲜美、肉脆，蛋白质含量高、胆固醇含量低等特点而深受人们喜欢。程村蚝不仅可以用来制作蚝豉，还可以制作蚝油、蚝味生抽等多种产品，畅销粤港澳和其他地区。

◎蚝码头（阳西县地方志办供图）

蚝文化美食节

为提高阳西程村蚝的知名度,阳西县近年来多次举办蚝文化美食节。在蚝文化美食节活动的前期,您将会看到数十条蚝船泊在码头卸蚝,而蚝农将一筐筐近百斤重的生蚝抬到码头垒起,然后装车。在蚝文化节期间,游客不仅可以观赏蚝码头和红树林,还可以了解收蚝、剥蚝以及蚝美食的烹饪制作过程。在游览码头时,可以看到蚝农们手拿蚝锤低头快速剥蚝,开蚝叮叮当当的声音在蚝码头此起彼伏。举办蚝文化美食节,大大促进了蚝的销售量,给蚝农带来了可喜的经济收益。

链接

红光行政村位于阳江市阳西县程村镇东南部,距离县城约20千米。下辖1个自然村——厚幕山村,地处丘陵地带,北面依山,南面临海,海岸线长2.8千米。面积约5平方千米,人口约3230人,先后被评为广东旅游名村、广东名村以及广东省文明村。

◎红光村村貌(阳西县地方志办供图)

(供稿、复核:阳西县地方志办)

湛江

乾塘莲藕

◎采摘莲藕（蔡浩摄）

物产简介

乾塘莲藕，是坡头区乾塘镇的特色产品。乾塘镇东、南、北三面临海，西江横贯南北，拥有大面积湿地，湿地多为沙质地，水偏咸，适合种植莲藕，素有"莲藕之乡"的美誉，是湛江市生态经济示范区，所产莲藕获得农业部绿色无公害农产品认证。乾塘莲藕产地主要分布在南寨、大仁塘、三合、三片、沙城等村，以其肉脆、粉甜、酥香可口等特点而闻名于粤西及珠三角等地，并且因质量优、产出高等特点成为当地群众发家致富之源。

◎万亩荷塘（黄晓宇摄）

◎莲花盛开（黄晓宇摄）

◎莲藕丰收（蔡浩摄）

历史典故

据村民讲述，乾塘莲藕并非当地原产。1993年，家住三片大屋头村的陈昶宁在水田试种从广西引回的莲藕种苗，意外发现水田种出来的莲藕更为可口，品种质量比当地市场上其他莲藕更好。1995年，为了更好地种植莲藕，陈昶宁初次尝试把莲藕种在坡地上，并且保证一定水量灌溉。结果莲藕不但长得好，而且具有粉、甘甜、清香等特点。后来，经过专业农科人员的指导，陈昶宁培育出了更好的莲藕新品种，并带动村民发家致富。

链接

乾塘镇位于湛江市坡头区东部，距离区政府18千米。下辖7个行政村（三合、沙城、南寨、乾塘、大仁堂、三片、米稔），103个自然村。面积52平方千米，耕地面积1867万平方米，其中水田867万平方米，旱地1000万平方米；人口约3.9万人。主产水稻、莲藕、番薯、甘蔗、蔬菜、花生等农作物。

（供稿：坡头区地方志办；复核：关文生）

湛江

徐闻菠萝

物产简介

徐闻菠萝，俗称番蒌子，又名麻子。徐闻菠萝果大、肉脆、汁多、味甜、香烈，畅销全国各地。清嘉庆《雷州府志·卷二·地理·土产》记载："草本波萝子……色金黄，周身有缝纹如龟坼，削其皮以食，味甜而香烈，无核，分其蒂以种，熟在秋夏之交。"徐闻菠萝产于曲界、下桥、前山、下洋、龙塘、锦和、和安、城北等乡镇，质量以曲界镇愚公楼、金满堂、高坡、仙安和前山镇的甲村为佳。徐闻县有中国最大的菠萝生产基地。"徐闻菠萝冠全国，曲界菠萝半徐闻"，这种说法早已流传于当地。徐闻菠萝蜚声海内外，揽奖无数，有第二届北京国际博览会银质奖、第二届中国农业博览会金奖、第三届中国农业博览会名牌产品称号等。

历史渊源

民国时期，徐闻开始种植菠萝，是广东最早引种菠萝的地方。1926年，徐闻人从国外带回菠萝种苗，在曲界镇愚公楼村推广种植。中华人民共和国成立前，徐闻种植菠萝主要是为取得高纤维麻用于织布。改革开放后，随着北方市场的开发，徐闻菠萝以鲜果北调为主，销往全国各大中城市。1985年，徐闻开始进行反季节菠萝的生产，形成一年四季均有菠萝供应市场的生产格局。2005年，徐闻县被命名为"中国菠萝产业龙头县"。2016年，徐闻县首届菠萝

◎菠萝锅鱼炒饭（吴开宋摄）

◎菠萝市场（李梅英摄）

文化旅游节在曲界镇举办,徐闻菠萝首次出口伊朗、俄罗斯。2016年,全县菠萝种植面积173平方千米,产量39万吨,产值7.8亿元。

"菠萝的海"位于徐闻县曲界镇的菠萝产地,因地形属台地,菠萝地一望无际,好像菠萝的海洋,故得名"菠萝的海",被誉为"广东最美田园",吸引不少旅客来旅游观光。2013年,"菠萝的海"被评为湛江新八景之一。2016年,"菠萝的海"被《中国国家地理》杂志专题推介。

愚公楼菠萝,是徐闻县曲界镇愚公楼村所产的菠萝,是驰名中外的品牌。所产的菠萝质量优良,在东南亚享有盛名,被誉为"中国愚公楼菠萝"。其巴厘菠萝果曾获中国国际农业博览会名牌产品称号。愚公楼牌巴厘菠萝于2005年被确认为国家地理标志产品,2006年获得"中华名果"称号,2009年入选"中国十大热带名果"。

链接

愚公楼村位于湛江市徐闻县曲界镇南部,距镇政府约12千米。先后被评为广东省生态示范村、广东省卫生村、广东省文明村、广东名村。2015年末,户籍人口1592人,320户,辖12个村民小组,耕地面积500万平方米。在愚公楼村中,曾发现徐闻县第一号灵山型古代铜鼓(以广西灵山县出土的铜鼓为代表的一类铜鼓)。

(供稿:黄飞凤;复核:王保国)

◎徐闻菠萝园(陈北跑摄)

湛江

徐闻良姜

◎徐闻良姜园地（吴开宋摄）

物产简介

徐闻良姜，又称高良姜，药食两用，因其具有消食、温胃、止痛、散寒、祛湿等功效而被称为"制药之母"。在徐闻，姜煮鸡蛋、红糖姜水等做法已经广泛流传。徐闻良姜外观类似圆柱，粗壮结实，质地坚硬，表皮棕红色，肉凸，气味香烈。良姜在龙塘、南山、下桥、前山、下洋、锦和等乡镇均有种植，以龙塘镇为主要生产地。龙塘良姜，在东南亚市场上被誉为"中国龙塘良姜"。

历史渊源

徐闻良姜历史悠久。据《宋史》记载，早在北宋时期，徐闻良姜就已作为朝廷贡品而深受欢迎。从北宋到清代，徐闻良姜多次被列为官营产品。民国时期，广东省规定徐闻良姜不得在民间私自买卖，必须由政府统一收购，统一出售。"文化大革命"期间，良姜种植面

◎良姜产品（吴开宋摄）

积很少。改革开放后,良姜种植面积才有所恢复。因徐闻良姜产量占全国90%以上,故徐闻又被称为"高良姜之乡"。2006年,徐闻良姜被确认为国家地理标志产品。2013年,入选"广东十件宝",成为湛江地区唯一入选的农产品。

◎良姜加工(吴开宋摄)

链接

良姜村处于湛江市徐闻县龙塘镇西南部,距离镇政府约6千米,位于雷州半岛南端。聚落依田坑呈弧线状,与大塘村、白水塘村、山仔村等自然村相邻。2015年末,耕地47.3万平方米,其中水旱田16.3万平方米;林地22万平方米;户籍人口650人。

◎良姜加工车间(吴开宋摄)

◎良姜村村貌(陈李琴摄)

(供稿:黄飞凤;复核:王保国)

湛江

徐闻南珠

◎珍珠生产（徐闻县地方志办供图）

物产简介

徐闻南珠属于海水珍珠，浑圆凝重、晶莹光润，被称为国之瑰宝，备受国内外珠宝界青睐，具有悠久的历史。海水珍珠以南珠质量最优，品位最高。"西珠不如东珠，东珠不如南珠"之说法已经流传于国际珠宝业界。徐闻南珠粒大圆润，色彩瑰丽，质量一等，博得广大消费者的青睐，现已流传于欧盟、日本、美国、东南亚等国家和地区。南珠主要产于大井、北海、龙腋、石马、龙耳等村，以徐闻大井村所产珍珠最为出名。该村是徐闻第一个珍珠村，被誉为"中国南珠第一村"。

历史渊源

大井村，建村于明万历年间，现址存有一口大井，井水清甜可口，故名大井村。该村位于徐闻县西北部，临流沙湾，三面环海。流沙湾内风平浪静，因其海水和气候条件均适宜养殖珍珠而被称为"天然珠池"。1949年前，珍珠养殖尚属零星经营，农户各自为政。到20世纪50

◎大井村村貌（陈李琴摄）

年代末，大型的国营珍珠场在大井村附近建立，开创徐闻珍珠规模化养殖史。随之，大井村民开始大规模种养珍珠贝，进行人工插核，该地因此成为中国最大珍珠养殖基地。大井村村民利用南珠网箱放养和插珠技术创收致富，先后盖起400多座豪华靓丽的"珍珠楼"。中央电视台为该村拍摄电视专题片《中国南珠第一村——大井村》。

链接

　　大井村，位于湛江市徐闻县西连镇北部，坐落于流沙湾畔，三面环海，物产丰饶，距离镇政府3千米。与东湖村、油河村相邻。村落总面积3平方千米。2015年末，户籍人口4403人。祖籍该村的海外侨胞179人。大井村有文武帝庙1座，建于清顺治年间；现存有谢氏宗祠，始建于明万历六年（1578年），重建于1996年。

（供稿：黄飞凤；复核：王保国）

◎珍珠养殖基地（徐闻县地方志办供图）

湛江

徐闻黑山羊

◎徐闻黑山羊(吴开宋摄)

物产简介

徐闻黑山羊,又名徐闻东山羊、徐闻羊,是国家地理标志产品,中国地方优良的羊品种之一。在徐闻,每有宴席,必用羊做菜,比如焖羊肉、红烧羊肉等。徐闻山羊主要以黑山羊最为闻名,黑山羊分高脚与短脚两种,高脚种体形较高,多产单羔,喜吃灌木枝叶,饲养量较少;短脚种体形较矮,骨细,多产双羔,采食安定,不挑食,易管理,农民喜欢饲养。其肉嫩,味

◎黑山羊和放羊人(吴开宋摄)

◎牧场中的黑山羊（吴开宋摄）

香，膻味淡，营养丰富，具有温脾胃、补气血、祛寒等功效。早在20世纪初，徐闻黑山羊就已经打开中国香港市场，深受该地区食客欢迎，并以"徐闻肥羊"之名流传于华南各地。以徐闻黑山羊为原材料研制的"牡山羊三鞭大补酒"畅销全国，曾获中国保健产品金奖。

历史典故

徐闻建制于西汉元鼎六年（公元前111年），至今已有2000多年的历史。徐闻得名说法有三种：其一，泉水说。据考证，徐闻为古越语地名，至少在秦汉之际已有此称谓，意思是"泉水村"。其二，柴门说。徐闻旧时被称为"柴门关"，古汉语的"徐闻"读音就是"柴门"。其三，浪漫说。徐闻县位于雷州半岛南端，三面环海，巨浪滔滔，涛声震荡，徐徐而闻，浪漫的说法是"听闻海风徐徐而闻"，故称徐闻。

链接

徐闻县处于广东省西南部的雷州半岛上，三面环海，与海南岛直线距离10千米，面积为1979.6平方千米。徐闻黑山羊主要产地为徐闻县南山镇、龙塘镇、海安镇、迈陈镇、西连镇5个镇所辖区域。

（供稿：黄飞凤；复核：工保国）

湛江

下六沙虫

物产简介

下六沙虫，又名沙肠虫、海肠子，动物学名称为方格星虫。下六沙虫是因沙虫盛产于原下六镇旧庙村和南洪村一带的浅海滩涂而得名，是湛江市著名海产品。下六沙虫性平，味甘、咸，有滋阴降火、清肺补虚之功效。下六沙虫肉质脆嫩，味道鲜美，富含氨基酸、蛋白质、钙、磷、铁、碘等多种营养成分，是堪比燕窝、鱼翅的高档食品，多年来深受广大消费者青睐，市场上供不应求。

优势环境

据调查，草潭镇下六沙虫产区的南洪、旧庙、路塘沿海一带的浅海滩涂适宜沙虫繁殖栖息，具有地域资源优势。其一，生态环境独特，土质疏松稳定。伸进海中的角头沙将西南季风挡住，保护了沙虫赖以生存的沙和沙泥土质环境。疏松的土质便于沙虫进出，使其消耗的能量减少，有利于快速生长。其二，水质营养适合饵料生物生长。沙虫以黏附在沙子上的饵料生物（主要是底栖硅藻和浮游硅藻）和适口的有机碎屑为食物，从九洲江、豆坡河及高

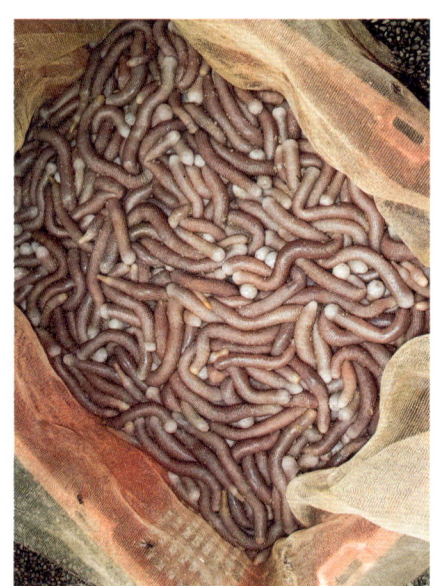

◎ 下六沙虫（张伟建摄）

◎沙虫干（张伟建摄）

桥红树林流入的水带有营养盐和有机碎屑，营养盐是饵料生物生长繁殖的基础，而部分有机碎屑可直接作为沙虫的食物。其三，水温和盐度适中。其四，附近海区没有污染。沙虫是对污染敏感的标志物种，有污染的地方沙虫存活率低，干净无污染的草潭海域使下六沙虫得到了良好的生产繁殖的环境。

链接

草潭镇南洪村，位于雷州半岛西北部，是革命老区。距离镇政府约18千米，下辖4个自然村，共712户，3182人。该村耕地比较少，产业结构单一，主要种植番薯、水稻等农作物。村民多靠浅海捕捞、浅海滩涂养殖等为生。

（供稿：草潭镇政府；复核：遂溪县地方志办）

◎南洪村村貌（陈仲摄）

湛江

沙古菜头仔

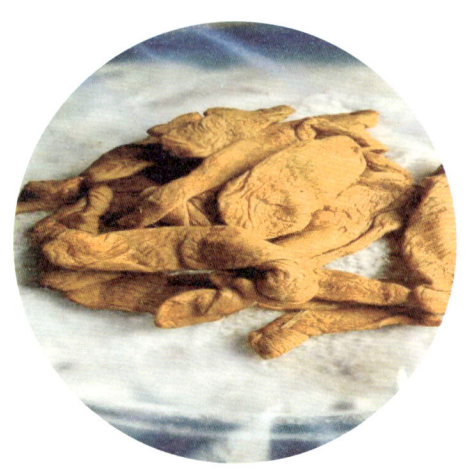

◎ 萝卜干成品（潘洪华摄）

◎ 新鲜萝卜（潘洪华摄）

物产简介

菜头仔，是粤西对萝卜干的俗称，沙古菜头仔位列"遂溪三宝"之中，令人味蕾大动。它有着独特的制作工艺：将萝卜洗净，晾晒一天，在冬闲田上用蔗荚垫底，铺上厚厚一层海盐，把大萝卜切成两半，与海盐充分搓动。搓动用力须均匀，尽量让萝卜的汁液渗出，又不因用力过猛而踩得稀烂。初次搓盐后，便在蔗荚上围上高约一米、直径两到三米的圆形竹篱笆，然后把搓过盐的萝卜往里装，每装一层，便再撒一层海盐。萝卜堆积到略高于竹篱顶部时，人再上去均匀踩动，把萝卜堆踩实。这一系列制作过程叫"翻盐"。经过反复搓盐、晾晒控水四五天，萝卜渐渐变为薄薄的萝卜干，就可以入缸储藏了。村民把家里的大陶缸洗净晾干，在缸底撒上一层盐，人钻到缸里，一层一层地装入萝卜干，一层一层地撒上生盐，再踩平踩实。然后，用泥浆封好缸盖。萝卜干入缸储藏一二个月，就可以取出食用。封存的时间越长，醇化得越透彻，味道就越甘香甜美。

◎晾晒的萝卜（潘洪华摄）

历史典故

沙古是粤西遂溪县境内一个盛产萝卜的乡村古镇，其出产腌制萝卜历史悠久。相传北宋年间被贬海南儋州的苏东坡，途经遂溪境内古驿道时，因长途跋涉，食滞体虚，食用当地百姓赠送的土制腌萝卜配米粥，顿觉口舌生津，食欲大开，一扫劳顿，苏大学士感此品甜香爽脆，食后消滞顺气，赞不绝口，称其为"菜中头名"，故民间称其为"菜头仔"。

链接

洋青镇姓谢村（原属沙古镇，后来并入洋青镇）位于湛江市遂溪县，有曲水村、牛栏塘村、西壁村、姓颜村、九吠龟村、姓谢村、符屋村、阔口塘村、深沟东村、深沟南村、深沟西村、深沟北村共12个自然村，以种植甘蔗、水稻、萝卜为主，物产有沙古萝卜干。

（供稿：洋青镇政府；复核：遂溪县地方志办）

◎姓谢村村貌（姓谢村供图）

湛江

乌塘广藿香

物产简介

乌塘镇种植南药（广藿香）历史悠久，素有"南药之乡"的称誉。乌塘广藿香，品茎略呈方柱形，多分支，枝条稍曲折；表面被柔毛，质脆，易折断，断面中部有髓；老茎类圆柱形，被灰褐色栓皮。叶对生，皱缩成团，展平后叶片呈卵形或椭圆形；两面均被灰白色绒毛；前端短尖或钝圆，基部楔形或钝圆，边缘具大小不规则的钝齿；叶柄细，被柔毛。气香特异，味微苦。

◎乌塘岭村南药种植基地指示牌（遂溪县地方志办供图）

◎乌塘岭南药种植基地（遂溪县地方志办供图）

◎调研广藿香（遂溪县地方志办供图）

◎乌塘镇举行广东省岭南中药材规范化生产技术培训会（遂溪县地方志办供图）

历史渊源

从1960年起，乌塘镇乌塘岭村就开始种植广藿香，至今已有五六十年历史，并积累了丰富的种植经验。其后，乌塘岭村种植广藿香的面积不断扩大，并建立了南药种植基地。2016年12月1日，广东省人大常委会通过《广东省岭南中药材保护条例》，将广藿香列入全省八种立法保护的中药草药名单之中。2017年12月15日，在乌塘镇举行广东省岭南中药材规范化生产技术培训会，这为当地广藿香产业发展注入了更强大的动力。

链接

乌塘岭村，位于湛江市遂溪县乌塘镇南部，距镇政府约5千米，总人口720人。该村地处平原地带，属亚热带海洋性季风气候，冬无严寒，夏无酷暑，暑季长，寒季短，温差不大、降水充沛，土地肥沃，非常有利于农作物的种植。

◎乌塘岭村村貌（罗锦屏摄）

（供稿：乌塘镇政府；复核：遂溪县地方志办）

茂名

信宜凼仔鱼

物产简介

凼仔鱼其实就是鲩鱼（也称草鱼）。凼仔是粤方言，意为小水塘，凼仔鱼，即在小水塘里养的鱼。信宜民众喜欢在半山腰、山脚、溪旁，或其他空地挖一个面积很小的"凼仔"（或写作"氹仔"），然后放入鱼苗，并用山区清澈的流水养殖，便叫作凼仔鱼。凼仔鱼是信宜市优良环境的产物。由于当地山区水质清纯，凼仔鱼以野草、木薯叶、番薯叶等天然青饲料为食，从未进食人工饲料，一般养殖3—5年，出产时约4—5千克，大的可达七八千克。由于纯天然养殖，凼仔鱼肉质鲜嫩，入口爽脆，刺大易剔，久煮不烂，没有腥味。可将其切成块，烹饪时加入酱油、黄酒、姜葱、陈皮等佐料，味道鲜美，让人回味无穷。

◎凼仔鱼（信宜市地方志办供图）

◎捕捉凼仔鱼（信宜市地方志办供图）

◎凼仔鱼生存的水凼（信宜市地方志办供图）

◎ 水中游的凶仔鱼（信宜市地方志办供图）

历史渊源

信宜市养殖凶仔鱼的有关记载最早可追溯到唐咸通年间，迄今已有1000多年历史。至2006年，养殖凶仔鱼已成为信宜市洪冠镇特色支柱产业。2011年10月，经中华人民共和国农业部批准，凶仔鱼被确认为国家农产品地理标志产品。

◎ 洪冠镇镇貌（信宜市地方志办供图）

链接

凶仔鱼养殖主要集中在茂名市信宜市洪冠镇、茶山镇。洪冠镇位于信宜市中部，距信宜市中心38千米。中燕村位于洪冠镇东南部，下辖12个村民小组，160户，888人，耕地面积46.5万平方米。2017年，中燕村有凶仔鱼养殖专业户100多户，养殖面积20多万平方米，年创收入500多万元。

（供稿、复核：陈智）

茂名

高州荔枝

物产简介

水果是高州一大特色产业，高州水果品种资源丰富，品质优良，早熟，产量高，享誉国内外，其中以高州荔枝尤为著名，世界上最古老的、有1500多年树龄的古荔枝树就生长在高州根子镇。位于高州市根子镇柏桥行政村岭腰自然村的贡园，建成于隋唐时期，是全国面积最大、历史最悠久、保存最完好、老树最多、品种最齐全的古荔枝园之一，被誉为"荔枝博物馆"。其中树龄千年以上的老荔枝树8棵，超过500年的39棵。知名品种有鉴江红糯荔枝、白蜡荔枝、白糖罂荔枝、桂味荔枝和黑叶荔枝等，曾荣获"中国国际农业博览会名牌产品"称号。其中，鉴江红糯荔枝在第二届农业博览会上荣获金牌，白蜡荔枝荣获银牌。

◎ 高州市根子镇贡园内的千年荔枝树（高州市地方志办供图）

历史渊源

高州是荔枝原产地之一，很早就有栽培，有2200年以上的种植历史。早在南北朝末期冼太夫人管理高州的时代已出现"蕉荔之墟"。到了唐朝，高州荔枝被列为朝廷贡品，在很多古代文献中都有记载。如唐代段公路《北户录》载"南方果之美者有荔枝，梧州火山者，夏初先熟而味少劣，其高潘者最佳，五六月方熟，无核，鸡卵大者，其肪莹白不减水晶，乃奇宝也"。唐代刘恂《岭表录异》里说："荔枝，南之珍果也，梧州江有火山，上有荔枝，四月先熟，核大而味酸；其高、新州与南海产者最佳。"清光绪年间，东路滩底（即高州泗水滩底村）已是著名荔枝产地。随着种植历史的不断推进，荔枝品种也越来越多。据2006年版《高州县志》载："1982年进行的资源调查，高州荔枝品种有40种以上，主栽的品种有黑叶、桂味、糯米糍、妃子笑、香妇荔、六月雪、怀荔、新兴、大山红、三月红等。其中高州特有的名优品种有白糖罂、白蜡、蜂糖罂、双白一号、高州进奉、禾虾串等等。"

◎江泽民在高州市根子镇元坝村京竹岭上亲手种植的"中华红"荔枝树（高州市地方志办供图）

◎根子镇镇貌（高州市地方志办供图）

链接

根子镇位于茂名市高州市，是"全国农业旅游观光示范点"。"三个代表"重要思想宣传片《荔枝红了》在根子镇贡园取材取景拍摄，贡园又是著名的优质荔枝品种白糖罂的发源地和种植园。2000年2月19日，中共中央总书记、国家主席江泽民视察高州时，亲手在高州市根子镇的红荔阁种下"中华红"荔枝树1棵。红荔阁被定为"广东省爱国主义教育基地"，并被推介为"红色旅游"景点。红荔阁建成以来，吸引了大批海内外游客前来观光考察，成为茂名市"十大旅游景区"之一和茂名市"乡村一日游"景点之一。

（供稿、复核：李文辉）

茂名

水东芥菜

◎上汤水东芥菜（王业兴摄）

物产简介

水东芥菜，国家地理标志产品。因产于电白区水东镇彭村周边地区而得名，也叫彭村芥菜、水东彭村芥菜。因特殊品种与地理气候条件，水东彭村芥菜卷心、茎多叶少、爽脆（脆到掉地上会碎），茎显乳白，味带微甘，鲜甜味美毫无苦味，质嫩无渣，生产量少，在市场上属于高档蔬菜，在国内市场和国际市场都有良好的声誉。可以用油爆炒，也可用开水烫熟，浇酱料食用。在准备宴席时，一般采用后一种烹饪方式。

◎切掉根的水东芥菜（李小敏摄）

优势环境

彭村是一个行政村，除了气候原因，其土壤也为芥菜种植提供了良好的微酸性黄土壤，种植出来的芥菜与其他地方不同，没有苦味。水东一带的芥菜质量都不错，彭村芥菜尤为出名，当地有"水东芥菜甲天下，彭村芥菜甲水东"的美称。

◎刚采摘的水东芥菜（李小敏摄）

链接

水东镇是茂名市电白区人民政府驻地，总面积49.2平方千米，人口12万人，下辖12个社区和5个行政村。水东镇东临水东港，南与省级旅游区、中国第一滩——虎头山相接，西邻茂名30万吨乙烯厂，距茂名市区约20千米，是通往粤西各地和琼、桂等地区的主要门户，水陆交通十分便利。曾被评为全国"两基"先进镇、全国爱国卫生先进集体、广东镇域经济综合发展力广东百强·粤西十强、广东省民族民间艺术之乡（曲艺之乡）、广东省绿色名镇、广东省文明镇。

（供稿：水东镇政府；复核：电白区党史地方志办）

◎水东镇镇貌（谭世聪摄）

茂 名

化橘红

◎炮制过的化橘红（彭鸿燕摄）

物产简介

化橘红，也称化州橘红、化州陈皮、柚皮橘红等，是化州市物产，有"南方人参"之称。它是由芸香科植物化州柚未成熟或近成熟的果实外皮干燥而成，具有散寒、燥湿、利气、消痰的功效。化橘红曾作为进贡的药材，其制剂及工艺品曾红极一时，是"中国四大南药"和"十大广药"之一。2011年10月，经国家质检局批准，化橘红被确认为国家地理标志产品。2009年6月，化州获得"中国化橘红之乡"称号。

历史渊源

化橘红药用历史悠久，早在南宋时期，化州就已开始生产橘红。早期的橘红，由橘皮制成，由于加工费时、产量低，后被柚皮类橘红取代。《本草纲目拾遗》已经将柚皮类橘红收录为"化州橘红"。柚皮类橘红有两类，即"毛橘红"和"光橘红"，其来源不同。根据果皮上

◎ 普通干化橘红（彭鸿燕摄）

柔毛的密集程度及加工方法分为"正毛七爪""副毛七爪"等品级，"正毛"者柔毛密集，果皮青绿，为上品。光橘红是用柚皮加工的橘红，外表面呈黄绿色、黄棕色，无毛，称为"光七爪"或"光五爪"。化橘红主要为毛橘红，产量不高，因此，正毛化橘红最为昂贵。

链接

大岭村位于茂名市化州市平定镇东南部，属积田行政村，距圩镇5千米。2015年末，户籍人口1638人。大岭村家家户户都种植制作化橘红，总面积超过66.7万平方米的橘红基地，是化州市化橘红赏花活动主要赏花点。2016年6月，大岭村被中华文化促进会授予"中华化橘红第一村"称号。

◎ 2017年化州橘红文化节赏花活动启动仪式现场（化州市地方志办供图）

（供稿、复核：化州市地方志办）

肇庆

肇庆裹蒸

◎裹蒸（端州区史志办供图）

物产简介

裹蒸，肇庆著名物产，是以糯米、脱衣绿豆、猪肉、冬菇、腊肠、咸蛋等为馅料，用当地特有的柊叶、水草包裹而成，呈金字塔形，每只重约0.5千克。裹蒸糯米黏性好，口感十足，清香扑鼻，入口爽滑甘香。裹蒸的做法是，将柊叶折成斗笠状，先倒进少许浸泡过的糯米，随后放进脱衣绿豆，再放进一两块沾满了芝麻、五香粉的猪肉，然后盖一层脱衣绿豆，最上面铺一层糯米，包好，用草绳捆扎紧，放进大锅里用水煮8个小时以上，便可食用。

历史渊源

在汉代,西江两岸城乡居民就有春节包裹蒸的习俗,沿袭至今。每到春节前夕,家家户户舂糯米、磨绿豆、洗柊叶、包裹蒸,大街小巷都砌起炉灶,火光相映,极为壮观。清代诗人王士禛有诗赞肇庆城乡除夕熬煮裹蒸的盛况:"除夕浓烟笼紫陌,家家尘甑裹蒸香。"如今,裹蒸制作技艺已经先后列入区、市、省级非物质文化遗产名录。裹蒸发展至今,除民间制作外,已进入专业化生产阶段。目前市面

◎端州区市场的裹蒸档口(郭剑泉摄)

上的裹蒸品牌有"肥仔伟""裹香王""皇中皇""巧心裹蒸"等。裹蒸制造业主要有厚岗村民梁伟明为带头人创立的肇庆市肥仔伟食品有限公司。该公司裹蒸产品获"广东省名牌产品(农业类)"称号,是肇庆市农业龙头企业。2011年,肥仔伟裹蒸作坊被评为省级非物质文化遗产"肇庆裹蒸制作技艺传承基地"。梁伟明为裹蒸制作技艺代表性传承人。

链接

肇庆裹蒸产地为整个肇庆城区,包括端州、鼎湖、高要三个区。"肥仔伟"食品公司为裹蒸生产龙头企业。

(供稿、复核:端州区史志办)

◎端州鸟瞰(端州区史志办供图)

肇庆

端砚

物产简介

端砚是肇庆市端州区的传统工艺品。端砚与徽墨、湖笔、宣纸并称"文房四宝",为"中国四大名砚"之首。端砚石质致密坚实,幼嫩润滑如玉,如小儿肌肤,摩之寂寂无声响。端砚贮水不涸,呵气即可研墨、不损毫,发墨快,研出的墨汁细滑,有下墨如风、发墨如油、不耗水、不结冰、不朽、护毫等优点,而且书写流畅,字迹颜色经久不变。端砚之所以能够称雄于世千余年,誉满天下,是源于产地特殊的地理条件。在地球演化史上,4亿年前,肇庆一带是一条沿东北方向延伸的滨岸潮滩,正好是古陆与半岛之间的海陆交替地带,为砚石的沉积提供了物源。古陆风化剥蚀流下大量泥沙被海水带到滨岸停留,缓慢沉降,最后沉积成层。

◎《硕果累累》(梁佩阳作,端州区史志办供图)

◎ 从事端砚制造业的白石村民(郭剑泉摄)

◎ 端砚(端州区史志办供图)

历史典故

端砚早在唐代就闻名全国。宋代,端砚是朝廷钦定的贡品,权贵、大臣、学士们都以家中有端砚为荣,于是向民间无偿索取比进贡数量多几十倍的砚石,弄得民不聊生,怨声载道。包拯到任后,翻阅前任文卷,发现上任知州额外征收大量端砚。于是下令:按朝廷规定,进贡之端砚每年只做八块。包拯令出必行,砚工们和老百姓得以休养生息。包拯离任时,连他平时在公堂上用过的端砚也造册上交。

相传包拯离开端州那天,船行至西江羚羊峡时,忽狂风大作,乌云满天,波浪翻滚,船只不能前行,包公大惊,即命随从搜查船舱,看是否有非分之物。随从赶忙拿出一块用黄布包着的东西,战战兢兢地双手送到包拯的面前,说是端州父老临别时赠送以表心意,包拯打开一看,原来是一方雕刻精致的端溪名砚。包拯虽然十分喜爱,但心想此乃端州人之至宝,不可带走。于是二话没说便把它扔进汹涌澎湃的西江。奇怪的是,江面上立即风平浪静,阳光普照。在包拯掷砚之处,缓慢升起了一片绿洲,此之谓"砚洲"。

链接

端砚主要生产地为肇庆市端州区黄岗街道下黄冈一社区白石村和黄岗街道下黄冈二社区宾日村。白石村在端州城区以东,距城区4千米,面积1.2平方千米。宾日村位于西江河畔肇庆大桥西北端侧边,端州区黄岗街道东部。两村相连。

◎ 白石村村貌(周忠明摄)

(供稿、复核:端州区史志办)

肇庆

砚洲大头冲菜

物产简介

砚洲大头冲菜,俗称头菜、大头菜。此菜菜茎粗大,其茎肉质爽脆,气味芳香。要种植大头菜,以黏沙土质为好,秋分季节播种育苗,育苗期一般在26—30天,霜降时移苗种植,每亩植株约2100棵。植后初期,每日淋水一次,每10天薄施肥一次,种植100天左右即可收获。头菜的腌制分为两类:一是菜片,二是走水头菜。腌制菜片,将菜的头部切片,分层放置在木桶或池内,每层均匀撒盐,每50千克菜放盐约7千克,菜面放上大石重压,腌浸7天,取出晒干即成,可久放而质不变。腌制走水头菜,方法与菜片相同,不同之处在于将头菜原株落桶或池,长期用盐水腌制,可存一年之久。

◎大头冲菜(鼎湖区地方志办供图)

历史渊源

砚洲头菜并非当地原生,而是从外地移植。1935年,砚洲村李汉光首次育种成功。1938年,怡安农场主何国甫引入"荷塘种"种植。该品种头菜头长13—17厘米,苗高约33厘米,亩产175—200千克,村民广泛种植该品种,是冬种主要作物。20世纪70年代中期,砚洲严村人严苏引进广西横县良种,试种成功,人们称为"横县种"。该品种抗病力强,头长13—28厘米,亩产量比"荷塘种"高,为村人所喜种,"荷塘种"逐渐被淘汰。

广东物产

◎冲菜炒青豆

◎大头冲菜蒸鸡

链接

　　肇庆市鼎湖区广利街道砚洲社区，距离鼎湖城区约5千米，位于广利街道办事处的南面，与广利街道一河之隔，羚羊峡下西江河中心，四面环水，面积约6平方千米，下辖12个居民小组，总人口3150人。砚洲交通主要靠渡船，以种植水稻、香蕉等经济作物及养鱼为主，建有包公祠，发展旅游业，开发砚洲沙滩等。

（供稿、复核：鼎湖区地方志办）

◎砚洲岛鸟瞰（鼎湖区地方志办供图）

肇庆

大湾麦溪鲤

物产简介

麦溪鲤外观比较独特，头细，短嘴缩脖，金线银鳞，背脊凸隆，两侧隐约见金色线条，形似乒乓球拍，鱼身柔软。有诗云："两边金线串银鳞，鱼骨含玉腹满膏。头短缩脖肉嫩滑，味佳旺血兼养颜"。麦溪鲤骨尖凝珠，其腩骨尾端有一颗小圆珠，是其明显特征。麦溪鲤煮熟后，肉质肥嫩似鸡、肥膏满腹，蜜味，甘香可口，味道鲜美，肥而不腻，鲜而不腥，成为远近驰名的肇庆物产。

历史典故

大湾麦溪鲤主要生长在麦溪塘里，麦溪塘是位于肇庆高要区大湾镇的古西村麦塘和白溪望塘，二者合称麦溪塘。这两个池塘富含硫黄，池水具有碱性，塘里生长着鱼类的天然食材野生小荸荠、麻慈籽、茆草等水生植物。独特的地理特性和生态系统孕育了味道鲜美的麦溪鲤，在历史上曾拥有"鱼中之王"之美誉。麦溪鲤有"贡鱼"之称，据说，自宋代起，皇家就对其情有独钟，据为皇家独有，禁止百姓捕食，为求其鲜，还钦命岭南之官督办其养殖、捕捞、精选、运送，并将麦溪鲤尊为百道鱼膳之首。

◎ 麦溪鲤（高要区地方志办供图）

◎麦溪塘（高要区地方志办供图）

链接

　　大湾镇位于肇庆市高要区中西部，与肇庆市城区一江之隔，东临西江，南接白诸、新桥，西靠云浮市，北邻小湘镇。大湾镇因其地势低洼，一面临水，三面环山，中间是一个开阔的洼地，形成一个"大湾"形，因此得名。大湾麦溪鲤主要分布在大湾镇古西行政村，该村位于大湾镇南黄线路边，距市区11千米，面积约4平方千米，下辖3个自然村，11个村民小组，总人口3200多人。

◎古西村村貌（高要区地方志办供图）

（供稿：大湾镇政府；复核：高要区地方志办）

肇庆

江屯龙须菜

物产简介

龙须菜是佛手瓜植株的嫩梢,由于形似龙须,故被称为"龙须菜"。龙须菜纤维幼嫩,香脆可口,深受消费者欢迎。龙须菜一般生长在温暖的地方,特别是北纬22°附近的区域,对土壤要求不高,可在房前屋后的闲置地、田园、山间、盆栽种植,只要肥料充足,就生长旺盛。每年4—10月是龙须菜的采摘时间,其中7—9月是采摘旺季。

历史渊源

广宁江屯龙须菜种植始于20世纪80年代初,经过30多年的发展,种植农户有1.6万多户,种植面积887万平方米,种植技术纯熟,出产的龙须菜品质上乘,产销两旺。

据说,1983年,龙田村民黎振深偶然发现,佛手瓜的幼嫩卷须煮熟后鲜甜爽脆,他根据其茎苗形状美其名为"龙须菜"。龙须菜还易种植,不仅水田、旱田、山边地可以种,屋前屋后也可以种,并且生长快,生长时间长,从三四月开始一直到十一月几乎天天可以采摘;而且易于管理,基本没有病虫害,不用施农药,属环保、绿色型蔬菜,当地的土壤、气候适宜其生

◎菜园里的龙须菜(广宁县地方志办供图)

◎刚采摘的龙须菜（广宁县地方志办供图）

长。经过试种试销，食客反响良好，经济效益相当可观。这个新品种一上市便大受欢迎，在20世纪90年代初期，其收购价5—7元/千克。在经济利益驱动下，当地村民纷纷种起了龙须菜，多则几亩地，少也有几分地，甚至在屋前屋后种。村民每天将新鲜的龙须菜采摘后卖给当地的菜贩，再由他们运往珠三角地区销售。

链接

江屯镇位于肇庆市广宁县东北部偏东，东北与清远市清新区南冲镇相邻，东南与四会市威整镇交界，南连潭布镇，北靠北市镇，圩镇距县城28千米。地势四周高中部低，北江一级支流漫水河贯穿全境。面积247.55平方千米，其中山地面积193平方千米，耕地面积22.6平方千米。

◎待发货的龙须菜（广宁县地方志办供图）

（供稿、复核：广宁县地方志办）

肇庆

广宁绿玉

物产简介

广宁绿玉石质细腻，温润如玉，杂质少，硬度适中，易于加工，既是罕见的宝石，又是制作工艺美术品和印章之珍材。广宁绿玉品种繁多，色泽艳丽、晶莹剔透、色彩缤纷，以混色为主，看起来十分和谐。主要颜色有灰白色、牛角色、淡绿色、墨绿色、翠绿色，白中带绿、黄中带绿、黄中带红、绿中带金黄色金点、白中夹有绿色茶纹等。其中，牛角色微透明，似"冻"，称"广宁冻"，其翠绿、绿海金星、白中带绿、黄中带绿十分罕见，乃石中瑰宝。广宁绿石玉雕产品主要有葡萄花瓶、双龙戏珠、奔腾骏马等，工艺精湛，美不胜收。

◎绿玉作品（广宁县地方志办供图）

◎绿玉作品（广宁县地方志办供图）

历史典故

据清道光年间《广宁县志》记载："云朝山（今木格云台山）其山石色被五彩，温润而栗，商人贩卖雕作篆首。"日本宇野雪村所著《文房古玩事典》有："广东绿产自广宁，有纯绿与茶黄色交错，有不透明……广东绿、广宁绿在日本有很高的评价。"日本少林德太郎著的《增补图说石印材》中写道："田黄、鸡血石、广东绿为稀品珍品石中的同一品位"。日本人将广宁绿玉与田黄、鸡血石相媲美。

链接

广东绿玉产地范围为肇庆市广宁县木格镇、洲仔镇所辖区域。木格镇位于广宁县的西南部，处在广宁、德庆、怀集三县交界处。全镇总面积126.05平方千米，下辖6个行政村、1个社区，200个村民小组。洲仔镇位于广宁县西部，距县城19千米，总面积88.53平方千米，下辖11个行政村，141个自然村。

（供稿、复核：广宁县地方志办）

肇庆

潭布番薯干

◎ 将煮熟的番薯去皮（林志兵摄）

◎ 逐个晾晒切开的番薯（林志兵摄）

物产简介

潭布番薯干产于潭布镇，是广宁负有盛名的物产。潭布镇海拔高、气温偏低、土壤肥沃，盛产清甜可口的优质番薯。潭布出产的番薯，个头大，甜度高，热量却低，纤维少，味香浓，软滑可口且颇具饱腹感，无论是用作主食还是副食，都是良好的食品。潭布番薯干，质地柔软，口感香甜软韧，老少咸宜。每逢秋天，农民收获番薯后大部分加工成番薯干，制作方法原始简单，采取天然日晒风干的方式，不添加任何化学添加剂和人工色素。潭布番薯干甜而不腻、黄里透红、软韧适中，因其美味口感和独特风味而备受欢迎，颇有知名度，成为人们闲时品尝和馈赠亲友的风味物产。

◎ 潭布镇番薯田（广宁县地方志办供图）

◎晾晒番薯（林志兵摄）

◎黄中带红的番薯干（林志兵摄）

传统技艺

潭布番薯干的制作方法为：挑选表皮光滑细致，无虫孔、无破烂、无异味、大小适中的番薯为原料，刚挖回来的番薯最好晾上几天，去掉其水分，使淀粉更好地转化为糖。把番薯挑到河边、溪边或井旁，将番薯的泥土洗刷干净，用流动的溪流冲洗是最好的清洗方法。将洗干净的番薯放进大柴灶里蒸煮，蒸好后出锅冷却，将番薯皮去掉。根据番薯的形状，手工切成适当大小进行晾晒，靠太阳照射及自然风干，直到黄中带红，色香味俱全。

链接

潭布镇地处肇庆市广宁县东部，距广宁县城24千米，民国时期曾称荆平乡、荆乐乡、潭布乡。潭布镇总面积132.6平方千米，下辖13个行政村和1个社区。潭布番薯干以拆石村番薯干最出名，拆石村面积15.96平方千米，距离镇中心9千米，下辖42个村民小组。

（供稿、复核：广宁县地方志办）

肇庆

四会油榄

物产简介

四会油榄是榄树的果实，有乌榄、白榄之分。白榄适宜制成凉果，食之生津解渴，回味无穷。乌榄可榨油，乌榄核可以取仁供食用，肉可用来制作盐榄或油榄，供佐膳或与其他主菜搭配成各种菜肴，油榄蒸边鱼是其中最受欢迎的传统美食之一。榄树一般高10—16米，冠幅宽达20多米，树皮灰褐，枝繁叶茂，翠阴遮天，宛若一把把绿茸大伞。

◎油榄制作的凉果（练新摄）

◎油榄（四会市党史方志办供图）

历史渊源

四会榄树极多，人称有炊烟处必有人面，有人面处则必有乌榄。清代屈大均著《广东新语》称："山居家，其祖父欲遗子孙，必多植人面、乌榄。人面卖实，乌榄卖核及仁。百余年世享其利。"乌榄往往和人面子树毗邻，两者都颇有经济价值，为人们所乐植。在四会市威整、地豆、江林等一带山地、屋边，人们都有种植榄树的习惯。

链接

威整镇位于肇庆市四会市，东北与清远市清新区接壤，西北与广宁县交界，东南与罗源镇和地豆镇相邻，距四会市中心40千米。地豆镇位于四会市西北部，为广东省中心镇以及国家重点镇，总面积89.68平方千米。

◎威整镇鸟瞰（四会市党史方志办供图）

（供稿、复核：四会市党史方志办）

肇庆

四会古法造纸

物产简介

四会邓村古法造纸工艺沿袭了1900多年前蔡伦发明的造纸术，流程有20多道工序，类似于《天工开物》中记录的古法造纸工艺流程。因此，四会古法造纸有"中国古法造纸的活化石"之美誉。现在，邓村造纸工序基本上仍然是手工操作，除了舂竹、打浆环节以柴油机取替以前的水轮之外。其生产工艺传承了蔡伦造纸术的原生态环保生产工艺，不添加任何化学制剂，整个生产过程环保清洁，不会对周围的环境造成污染。古法造纸的主要9道工序为：拍竹、浸泡、晒竹、打浆、拌浆、捞纸、榨纸、松纸、晒纸。其制作比较原始，比较完整地保存了古代造纸术的精髓，具有十分重要的历史价值、文化价值和科学价值。

历史渊源

四会邓村的古法造纸历史悠久。据当地族谱记载，南宋年间，有张、陈、程、申姓等中原人从韶州的曲江、南雄珠玑巷迁徙到邓村的白龙、官陂一带定居。他们带来了以竹为原料的手

拍竹

拌浆

捞纸　　　　　　　　晒纸　　　　　　　　　松纸

◎古法造纸程序（四会市党史方志办供图）

工造纸工艺，利用当地水资源丰富、盛产竹子的良好自然条件，建起了灰池、水碓、作坊、晒场，砍竹造纸，世代相传，直至今日。不过，造纸工艺大规模地铺展开来应该是在清代。据清光绪《四会县志》记载："会纸，邓村铺厂最多，始创于嘉（庆）道（光）年间。"邓村以造纸而闻名，被称作"中国造纸第一村"。因地处四会，所产的纸也叫"会纸"，又因其基本原料是竹子，故也称"竹纸"，当地人则称之为"土纸"。因足数、色好而畅销港澳和东南亚等地。

链接

四会古法造纸最著名的是原邓村镇扶利村，位于肇庆市四会城区西南10千米。2003年11月，由于行政区划调整，邓村镇被撤销，并入贞山街道。

◎扶利村村貌（四会市党史方志办供图）

（供稿、复核：四会市党史方志办）

肇庆

四会人面子

物产简介

四会市人面子树，属漆树科常绿大乔木，2018年入选"中国最美古树"。成熟的人面子鲜果可洗净即食，香甜可口。人面子鲜果，四会人会将其加工成凉果，或者制作成酱饴等调饪佐料，食用人面子果可口生津、神清气爽。20世纪90年代初，四会县食品厂制作的以人面子为主料的榔酱荣获"广东优质产品"称号。该产品畅销港澳和东南亚。

◎人面子凉果（练新摄）

历史渊源

人面子又称"人面""仁榔"，因其核类似人面，目鼻口皆具而得名（清光绪版《四会县志》记载）。人面子鲜果还有两个有意思的别名，一个是"冷饭团"，一个是"长寿果"。冷饭团不知因何得名，长寿果则是由侗族语言翻译而来。

◎新鲜人面子（黄冠摄）

链接

肇庆市四会市种植人面子较多的地域是地豆镇、罗源镇等地,其中最有名的是罗源镇石寨村,被誉为"人面子之乡"。石寨村位于罗源镇南部,面积6.6平方千米,下辖18个自然村,26个村民小组,总人口2681人。因其村中房屋大多为石块砌筑,故谓之石寨,又因坐落在高耸险要的大石山,又谓之"石堡石寨"。此外,该村还有一道"古石城"。

◎石寨古村落老寿星人面子树(四会市党史方志办供图)

◎石寨村村貌(四会市党史方志办供图)

(供稿、复核:四会市党史方志办)

肇庆

四会沙糖桔

◎沙糖桔（肇庆市地方志办供图）

物产简介

沙糖桔又称冰糖桔、十月桔，原产广东四会。四会沙糖桔果色橙黄，形扁圆，顶部有瘤状突起，底部小凹陷，果壁薄，易剥离。果肉爽脆无渣多汁、味清甜，吃后沁心润喉。四会沙糖桔为国家地理标志产品，尤以黄田镇出产的为正宗。

历史典故

"四会柑桔"一词被明确记载，始于明代。据清光绪二十二年（1896年）版《四会县志》载："四会柑得名最久，李时珍《本草纲目》云，产四会者光滑，名鱼冻柑……"明崇祯年间，肇庆府通判陶虞龄为四会向朝中输柑而作《柑子苦》长诗，序中说道："（四会）县产

◎四会金桔园（肇庆市地方志办供图）

柑特佳，岁有例贡。"可见进贡乃是沿袭旧制，在明崇祯之前成为贡品。明崇祯《肇庆府志》记载："甘亦名乳柑，产四会上林者冠绝天下。"到清朝，屈大均《广东新语》载："柑、橘、香橼，以四会为大家。"清雍正《广东通志》载："乳柑，产四会上林者佳。"民国时期的《广东通志》也谈及四会种柑之盛。

链接

四会沙糖桔最著名的产地是黄田镇。黄田镇地处肇庆市四会市西部，距四会市城区18千米，西北面与广宁县接壤，东南面与石狗镇、下茆镇连接。全镇面积89.6平方千米，人口15572人。下辖6个行政村和1个社区。

◎黄田镇镇貌（四会市党史方志办供图）

（供稿、复核：四会市党史方志办）

肇庆

岗坪切粉

物产简介

岗坪切粉以当地优质大米为原料，经过浸米、清洗、磨浆、蒸粉、出粉、晾晒、刷油水、打折、切丝，再晒干、包扎等10多项工序加工而成。其呈扁平状，用传统的竹篾包扎；米粉丝粗细均匀；口感爽滑、柔韧有弹性、耐煮不易烂、营养丰富、味道鲜美。在岗坪镇，切粉是一种老少咸宜的美食，也是当地以及周边村镇逢年过节、婚嫁喜庆及探亲访友的必备礼品之一。赠送切粉具有"体面""给面子""欢迎"等民俗礼仪含意。去探访客人，带上切粉，表示对主人的尊敬和祝贺；客人回访，主人送上切粉，表示欢迎和感谢之意。

优势环境

当地籼稻米，在富含有机质微酸性肥沃土壤中生长，富含磷钾、淀粉，为岗坪切粉提供了优质原料。岗坪切粉加工所用的水是当地无污染的山泉水、山溪水，铁、锰含量低，淀粉糊化不会变色，因此岗坪切粉色泽自然、口感顺滑。

◎岗坪切粉（怀集县地方志办供图）

◎切粉晾晒（怀集县地方志办供图）

链接

岗坪镇地处肇庆市怀集县西部，是两省（区）三市县（广西壮族自治区、广东省，封开县、怀集县、广西贺州市）交汇点，也是肇庆通往广西与封开的咽喉之地。2017年下辖13个行政村和1个社区，共89个自然村，全镇总人口43660人，是县内的主要产粮区。岗坪切粉以岗坪镇地黎村的较有名。2018年岗坪切粉被确认为国家地理标志产品。

◎岗坪切粉展销（怀集县地方志办供图）

（供稿、复核：怀集县地方志办）

清远

龙颈鸡心黄皮

| 物产简介 |

　　鸡心黄皮,产于龙颈镇,因其果实形状与鸡心相似而得名。鸡心黄皮可按味道细分为甜、酸不同的品系,或根据大小分为大鸡心黄皮和小鸡心黄皮两个品系。龙颈鸡心黄皮属于大鸡心黄皮,色泽蜡黄色或褐黄色,有光泽,果大,单果重9—14克,果肉黄白色,味甜具蜜香或甜带微酸,肉脆汁多。果实于7月下旬至8月上旬成熟,具有高产、稳产、易于种植的特点。

◎龙颈鸡心黄皮果园（黄柏洪摄）

种植技艺

要种好鸡心黄皮，需要适当的栽培技术。其技术要领如下：一是科学选地。选择在排灌良好的水田，或排灌方便、水源条件良好的山坡或者缓坡地。二是适时定植。可以选择在春季和秋季，但以春季定植为主。三是水肥管理。要合理培土，深耕改土，分层施肥，科学灌溉。四是注意植株管理。要进行幼龄期果树修剪、结果果树修剪和疏花疏果。五是病虫害防治。要科学选择药物，进行针对性防治。

◎鸡心黄皮（钟洁华摄）

链接

龙颈镇位于清远市清新区中部，全镇总面积583.7平方千米。鸡心黄皮主产于龙颈镇，廖屋村有龙颈镇鸡心黄皮种植面积最大、分布最集中、品种最好的生产基地。

◎廖屋村村貌（罗炜彬摄）

（供稿：朱健明；复核：钟洁华）

清远

清远骆坑笋

| **物产简介** |

骆坑笋是清远特色农产品，是清远市农业经济的支柱和名优产品，主要产于清新区龙颈镇河洞行政村骆坑村。骆坑鲜笋肉质肥厚、脆嫩、清爽可口、可溶性糖分高。笋干具有色泽金黄、肉厚细嫩、爽滑可口、纤维细小、还原率高等优点。在1998年的全国农业博览会上，骆坑笋被评为名优产品；1999年荣获清远市科技进步奖。

◎骆坑笋

历史渊源

清远骆坑竹笋历史悠久,早在清朝末期和民国初期,清远人赴东南亚谋生,将其带出境外销售。由于品质上乘,在新加坡、马来西亚、日本等地享有盛誉,被誉为"天然保健食品"。至今,清远骆坑竹笋已经在香港、澳门地区和日本、新加坡、泰国、欧美等国家大量销售,价格稳步攀升。

◎去壳后的骆坑笋(朱健明摄)

链接

骆坑村所在的河洞行政村地处清远市清新区龙颈镇南部,全村面积33.4平方千米,工业以河洞工业园为主,农业以种植水稻、笋竹及沙糖桔等为主。

◎骆坑村村貌(张剑航摄)

(供稿:朱健明;复核:钟沽华)

清远

清远鸡

物产简介

清远鸡，原产于清新区，又名清远走地鸡，即家养土鸡。因母鸡背侧羽毛有细小黑色斑点，故称麻鸡。清远鸡以体型小、皮下和肌间脂肪发达、皮薄骨软而著名，素为我国活鸡出口的小型肉用鸡之一。清远鸡体型特征可概括为一楔、二细、三麻身。清远鸡经过烹调后，皮爽肉劲，汤汁鲜美，鲜香可口。2010年6月，经国家质检总局批准，清远鸡被确认为国家地理标志产品。

◎清远鸡（钟洁华摄）

◎清远鸡（清新区农业局供图）

◎清远豉油鸡（钟洁华摄）

历史渊源

清远鸡在海内外久负盛名。据记载,1972年2月,美国尼克松总统访华,招待尼克松的宴席中就有清远鸡。同年9月,日本首相田中角荣访华,也慕名指定品尝清远鸡。曾任香港特首的曾荫权访问清远时,对清远麻鸡也称赞有加。此外,被誉为"广州第一鸡"的清平鸡,选用的就是1250—1500克的清远三黄鸡。

链接

清远市清新区原为清新县,2012年12月撤县改区。总面积2353平方千米。除清新区外,清远市清城区、佛冈县、英德市等县市也广泛养殖清远鸡。

（供稿：朱健明；复核：钟洁华）

◎清新区风貌（成计福摄）

清 远

田心鸟笼

物产简介

◎ 新式鸟笼（潘俊坚 摄）

田心村制作的鸟笼工艺精美，用料考究，每年吸引不少广州、香港、新加坡等地的采购商直接到村里订货，其产品远销到东南亚等地区，因而有"鸟笼村"之美誉。鸟笼的制作是一项手工技术含量颇高的民间工艺，鸟笼的价值不仅在于制作材料的讲究，还取决于手工的精湛程度，一只鸟笼的价格从几十元到几万元不等。鸟笼制作一般分为选竹、雕花、扎笼三个步骤。所需主材为毛竹，主要来自清远市清新区当地的浸潭、石潭等镇，以及连州、南雄等地。雕花，一般是在鸟笼的底圈雕上富有传统艺术特色的图案，增加鸟笼的美观和艺术性。扎笼，即将前期制作好的各个部件组合起来，一个精美的鸟笼便做好了。

历史渊源

田心村制作鸟笼至今逾50年。1967年，一位鸟笼制作师傅从广州返乡（邻镇龙颈西坑大队），田心村生产队长看中其一手好技艺，便请他来教授村民制作鸟笼，并成立了两个鸟笼（灯笼）厂。掌握技艺之后，村民农忙时耕作，农闲则进行鸟笼制作。为获得额外收入，村民积极性很高。1980年底，家庭联产承包责任制在全国推行，分田到户，生产队的工厂也被解散，村民便以家庭作坊形式继续制作鸟笼。鼎盛时期，鸟笼生产收入一度成为大部分村民的主要收入来源，还带动附近十多个自然村掀起一股鸟笼制作热潮。

◎传统鸟笼（潘俊坚摄）

广东物产

链接

　　田心村，位于清远市清新区禾云镇西北部，距离镇政府约10千米。田心村始建于清康熙二十八年（1689年），由梁氏和陈氏族人先后迁移至此地定居而形成。村庄地处清远滨江山区，村舍周围有水田围绕而取名田心村。又因滨江河流经该村北面，曾用名水边围。

（供稿：朱健明；复核：钟洁华）

◎田心村村貌（谢云龙摄）

清远

英石

◎英石制品（何昌勇摄）

物产简介

英德英石，又称英德石，是石灰石经过外界长期作用而形成的。它外表玲珑剔透，锋棱突兀雄奇，色彩鲜明，颇具动感。因其具有"瘦、皱、漏、透"等特点而成为"四大园林名石"之一。英德市也因出产英石而被称为"中国英石之乡"。英石本色为白色，由于风化及富含杂质（如铜、铁等）而呈现不同的色泽，比如黑色、青灰、灰黑、浅绿等，常见黑色、青灰色等，以黝黑如漆者最受欢迎。英石的宗源为英德市望埠镇的英山，在英山的山上、山沟和水底皆有出产。除此之外，青塘、白沙、大镇、沙口、英红、波罗、九龙、黄花、西牛等镇也出产英石，甚至清远、阳山等地的此类玩赏石也被划入英石的范畴。2006年英石被确认为国家地理标志产品。

◎采集的英石（何昌勇摄）

◎英石造景（何昌勇摄）

历史渊源

英石是经自然风化而致的奇石，其开采和利用已逾千年。从宋代始，英石就是贡品，达官显贵选用英石点景，至清代，英石与太湖石、灵璧石、黄蜡石齐名，定为"全国四大园林名石"之一。明建清修的顺德清晖园狮山和斗洞、岭南历史名园之主山，多选取英石叠成。北京故宫的御花园，所放置的清以前的古英石达二十多件。英石也为外国友人所钟爱，如比尔·盖茨收藏的一块英石称"与天比高"，日本神户和平石雕公园收藏的一块英石称"鸣弦石"，新加坡国家公园主要景点用的也是英石。

◎英德英石长廊（英德市史志办供图）

链接

同心行政村位于清远市英德市望埠镇东部，距镇政府约8千米。南部与谢屋自然村相邻，西部与吕屋自然村相邻。地处丘陵地带，主要山岭有英山，海拔430米。2015年末，户籍人口567人，村民均为汉族，客家民系，使用客家方言。该村盛产英石，村民生产经营以英石园林园艺、农业生产为主。

（供稿、复核：英德市史志办）

清远

英德红茶

物产简介

英德红茶是英德市红卫五组的著名物产，国家地理标志产品，中国五大红茶之一。因其外形成条、色泽油润、汤色红艳明亮、香气鲜纯浓郁、入口醇厚等特点而深受品茶人士的欢迎。英德也因此荣获"中国红茶之乡"的美誉。据了解，英德红茶成茶内含物丰富，品质优良，曾获国际美食金牌奖、国际博览会金质奖、国家银质奖等，也曾入选"广东十件宝"旅游土物产。

◎英红九号茶叶（王傅摄）

历史渊源

英德红茶创建于1959年，该茶饮后甘美怡神，清心爽口，适合清饮，加入牛奶、白糖后即为奶茶，色、香、味俱佳，在港澳和东南亚很受欢迎。英德红茶是直接利用云南大叶种鲜

◎英州红茶园（英德市农业农村局供图）

◎英红九号茶汤（王傅摄）

◎德高信茶园（英德市农业农村局供图）

叶研制而成，1964年工艺基本定型，并通过中央四部（农业部、商业部、外贸部、一机部）鉴定。20世纪90年代初研究开发出品质超群的"金毫茶"产品，成为红茶之最，被誉为"东方金美人"。

链接

红卫五组隶属于清远市英德市英红镇，位于英红镇西南部，距镇政府约16千米。2015年末，户籍人口349人，面积153万多平方米。五组传统经营从原有的知青场延至华侨茶场，均是以农业生产为主，现主要种植茶叶，是英红九号的主要生产地。

◎英红九号（王傅摄）

（供稿、复核：英德市史志办）

清远

竹山粉葛

◎ 粉葛（佛冈县史志办供图）　　　　◎ 粉葛销售（佛冈县史志办供图）

物产简介

竹山粉葛，国家地理标志产品，广东省无公害农产品，广东省特色名优农产品。竹山粉葛肉质厚实、鲜白无渣、清甜纯正、纤维细小，含有丰富的淀粉、维生素和氨基酸，营养价值高，可以作汤料或烹饪为各式美味可口的菜肴。竹山村每年12月25日举办竹山粉葛节，至2018年已连续举办了15届。

◎ 粉葛种植基地（佛冈县史志办供图）

历史渊源

竹山粉葛历史悠久，据清康熙元年（1662年）版《清远县志》记载"果之属曰梅李桃……葛栗荔枝……"，说明早在清朝康熙年间就已经有人工种植粉葛。竹山村土地多是沙质土壤，适合粉葛生长。改革开放前，竹山粉葛只是散种，人们利用种粮的周边空地，零星种植。包产到户后，当地政府大力推广，号召做强"竹山粉葛"品牌，此后粉葛种植开始快速发展。自2004年始，每年12月25日，佛冈县政府都在汤塘镇竹山村举办"竹山粉葛节"，成为佛冈县传统农产品的新招牌。

◎粉葛收获（佛冈县史志办供图）

链接

竹山村位于清远市佛冈县汤塘镇西部，距镇政府3千米，面积9.4平方千米，山地面积689万平方米，耕地面积100万平方米。该村处于亚热带地区，靠近北回归线，雨量充沛，土壤属红壤，质地为沙壤土，有机质含量高，土层深厚疏松，土地肥沃，非常适宜粉葛生长。正是有着如此得天独厚的地理位置和生态环境，孕育出远近驰名的竹山粉葛。竹山村因此被誉为"粉葛之乡"。

◎竹山村村貌（佛冈县史志办供图）

（供稿、复核：佛冈县史志办）

清 远

连南稻田鱼

物产简介

稻田鱼，顾名思义，是稻田中生长的鱼。连南稻田鱼，以本地鲤鱼为主要品种，兼养鲫鱼。每当春耕之季（5月左右），当地群众在中造田里插秧时，就会放入鱼苗。稻田鱼的生长期约4个月，到了秋收之季（9月左右），稻谷收割之时，便可以收获稻田鱼。因为是在中造田里放养，利用流动泉水养殖，稻田鱼自然生长，十分美味，深得消费者喜欢。在稻田鱼收获时节，游客翻山越岭来到连南，体验田间捉鱼的快乐，同时又可以观赏田园风光，感受瑶族风情。

◎稻田鱼（连南瑶族自治县史志办供图）

历史典故

据记载，稻田养鱼是连南瑶族自治县大坪镇排瑶祖先一直流传下来的放养方式，颇具民族特色。关于稻田养鱼有两种说法。其一，果腹说。古时地广人稀，瑶民日出而作，日落而息，田地离家甚远，因此往往早晚在家吃饭，自带番薯或者米饭在野地里午餐，为此，午餐往往有饭无菜，甚是寡淡。有头脑灵活的瑶民想到，稻田里有水，鱼就生长在水里，何不兼顾？于是把从山涧里捉的小鱼放到稻田里。当鱼苗长大，瑶民便在田边支一个架子，在稻田中捉鱼烤来吃，以佐午餐。久而久之，这种稻

◎当地人向游客介绍稻田鱼（连南瑶族自治县史志办供图）

田养鱼的方式就流传下来。其二，祖风说。排瑶的祖先在水边长大，自古就有撒网捕鱼的生活习惯，因躲避战乱，瑶胞由外地迁入多山的连南，依山而居。山区没有鱼塘和湖泊，只好利用当地经年不息的山泉水在稻田里养鱼。

链接

大坪村是清远市连南瑶族自治县大坪镇的中心村，是一个纯农业村。全村共有水田133万多平方米，旱地120多万平方米，林地667万多平方米，山地（大部分荒山）200多万平方米。农业生产主要以种植水稻为主，家庭养殖鸡、猪等为辅。

◎大坪村村貌（连南瑶族自治县史志办供图）

（供稿、复核：连南瑶族自治县史志办）

清远

洞冠梨

物产简介

洞冠梨是阳山特有的珍果,因产于阳山县黎埠镇洞冠口而得名,洞冠梨是广东名优果树品种,历史上曾作为贡品,又称"贡梨"。其个大、味甜、皮薄、核小、水分含量高。

洞冠梨是一种沙梨,生长在日夜温差较大的山地。其特点一是果实硕大,单果一般0.75—1.5千克,重者可达2.5—3千克,果实直径10—16厘米,高10—12厘米;二是果皮薄、光滑,肉嫩多汁,味道蜜甜,甘香袭人;三是果核细,肉质洁白,剖开后存放数天不会变色。据《阳山县志》记载:"洞冠梨大于常梨数倍,邑中佳果也。"1986年,洞冠梨获得"广东省优质水果品种"称号。

◎洞冠梨标志(阳山县史志办供图)

◎洞冠梨挂果（阳山县史志办供图）

历史典故

洞冠梨稀有珍贵，历史上就是名贵贡品。汉朝时，赵佗曾将此梨送给樊哙将军，故亦称"将军梨"。后来樊哙又将洞冠梨送给皇帝，清代铁笔御史郑士超每年也购洞冠梨进贡皇帝，故又称为"皇帝梨"。清末著名学者简朝亮品尝后诗兴大发，作《洞冠梨》一首："韩公昔来游，虽因诗不少，当有梨花树，坐吟听春鸟，至今得遗实，遥想意可晓，重逾七百铢，其大斯矫矫，幸以归君子，钉座清气饶，苟为热中人，何以济时了。"洞冠梨母树极为稀少，据1955年调查，阳山县洞冠梨母树仅存20多株，其中洞冠村占12株，其他分布于黎埠的大龙、隔江，七拱的三拱及太平。1986年，在广东省优稀水果良种评选活动中，洞冠梨被评为全省20种优稀水果之一。1987年10月，著名水果专家、华南农业大学园艺系主任黄昌贤教授来阳山县进行洞冠梨专题科学考察，称洞冠梨是"国宝"。

链接

洞冠村地处清远市阳山县黎埠镇北部，距镇中心约1.3千米，耕地面积59.1万平方米，设7个村民小组（营信、岩角、卜角、大海、车头、茶山、瓦寮）。交通便利，地势平坦，土地肥沃，水源充沛，旅游资源丰富。

◎洞冠村村貌（许明辉摄）

（供稿、复核：阳山县史志办）

清 远

阳山鸡

物产简介

阳山鸡是广东省八大优良鸡种之一，其体形优越，肌肉丰满，肉质嫩滑鲜美，并具有抗病力强、适应性好等特点。饲养方式以放养为主，饲料以玉米为主，具有毛黄、脚黄、皮黄"三黄"和胸、腿肌丰满等特点，制成的白切鸡肉质幼嫩、皮薄、味香、骨细、软脆，久嚼不腻，风味独特，是酒楼宴会的高级菜肴和送礼的佳品。

◎阳山鸡（蔡远健摄）

◎阳山县城风光（阳山县政府供图）

◎阳山鸡和鸡蛋（蔡远健摄）

◎阳山鸡菜品（蔡远健摄）

历史渊源

阳山鸡饲养历史悠久，清乾隆十二年（1747年）版《阳山县志》已有记载。1987年，被广东省畜牧局、广东省家畜家禽品种志编纂委员会编入《广东省家畜家禽品种志》一书。

链接

阳山县农业资源丰富，气候温和。阳山鸡因主产于清远市阳山县江英、小江、青莲等地而得名，分布于阳山县境内以及英德、连州、连南和清城区等地。

（供稿、复核：阳山县史志办）

清远

阳山淮山

物产简介

阳山淮山,为多年生草本植物,属于薯蓣科山药种,是药食兼用的古老作物。淮山按照表皮分红色淮山和褐色淮山两种,茎通常带紫红色。外形呈棍棒形,上端较细,有少量吸收根,且细须根较密集,中下部较粗,细须根生长稀疏。切开淮山后,肉白、细腻、胶质多。煮熟时,有自然清淡的香味,质地适中,口感爽脆。阳山淮山为国家地理标志产品,2017年11月,阳山七拱镇的"冬绿香"牌淮山获得"生态原产地产品"称号。阳山也因此被称为"中国淮山之乡"。

◎ 阳山淮山(阳山县史志办供图)

历史渊源

据阳山县民间说法,早在隋唐年间,阳山县民众就开始利用河边沙质地种植食用淮山,是当地的传统农作物,年年种植。但真正规模化种植是在改革开放以后。20世纪90年代中期,广东省人大议案把阳山淮山列为第一批"一乡一品"实施项目。2000年初,该县推广"填沙种植法",有效提高了种植质量。自2003年起,阳山推行绿色种植和生产,应用农业和生物防治病虫害,施用有机肥料。2004

◎ 收获阳山淮山(阳山县政府供图)

年，建立阳山淮山标准化示范区。2007年，制定《阳山淮山种植技术规范》和《鲜淮山》地方标准，逐步形成从耕地整理、选种育苗、种植、田间管理、土壤管理、施肥到病虫害防治等一整套标准化技术，有力促进了阳山淮山产业化、规范化和品牌化的发展。目前，阳山淮山种植面积达到1333万多平方米。

链接

阳山淮山种植面积在广东省最大，年产量4万多吨。其中，清远市阳山县七拱镇新圩村、石角村、岩口村和杜步镇旱坑村、黄村、东江村、石溪村等村淮山种植规模大，种植大户多。最典型的是新圩村，位于阳山县南部，下辖23个自然村。该村有独特的沙壤冲积平原，沙泥比例适中，耕层中厚，土层浅至中厚，土壤偏碱性（pH值8.2—8.5），耕性好，通透性良好，保水保肥力强，养分含量中等，十分适合淮山生长。

◎新圩村村貌（许明辉摄）

（供稿、复核：阳山县史志办）

潮州

凤凰单丛茶

物产简介

凤凰单丛茶的原产地是潮安区的凤凰镇，它的成品茶具有形美、色翠、香郁、味甘四大特点。形美者，指的是其挺直、肥硕、油润的外形；色翠者，指的是青蒂、绿腹、红镶边的叶底和橙黄、清澈、明亮的汤色；香郁者，指的是其优雅清高的自然花香气；味甘者，指的是其浓郁、甘醇、爽口、回甘的滋味。除具备以上品质外，凤凰单丛茶还具备独特的山韵。凤凰单丛茶之山韵离不开三个因素：生态条件优越、茶树品种良好、采制工艺精细。凤凰单丛茶是潮汕民众冲泡工夫茶所喜爱的茶叶。

◎凤凰山茶叶店（潮安区地方志办供图）

◎凤凰茶梢芽叶（杨培锋摄）

◎凤凰茶叶成品（杨培锋摄）

历史渊源

凤凰镇拥有悠久的茶叶栽培历史，900多年前先民就开始种植茶叶。据最近的一次古茶树普查资料，该镇现存树龄100年以上的古茶树约15000株，树龄200年以上的约3800株，其中最著名的一株树龄600多年，称"宋种"。这些古茶树被茶叶专家誉为"中国之国宝，是世界罕见的优稀茶树资源"。

◎工夫茶（杨培锋摄）

链接

潮安区凤凰镇位于潮州市的北部片区，面积231.73平方千米，下辖27个行政村以及2个社区，285个自然村，户籍人口约4.3万人。东以饶平为邻，北与梅州大埔衔接，西邻梅州丰顺，交通便利，距离潮州城区、潮汕机场、潮汕高铁站均不超过50千米。1995年，凤凰镇被评为"中国乌龙茶之乡""中国名茶之乡"；2003年被定为"中科院无公害茶叶生产示范基地""广东省现代化农业示范基地"。

◎凤凰茶树（杨培锋摄）

（供稿、复核：潮安区地方志办）

◎凤凰镇风光（潮安区地方志办供图）

潮州

岭头单丛茶

物产简介

岭头单丛茶，又称白叶单丛茶。岭头村海拔1036米的双髻娘高山山腰就是岭头单丛茶产地。该地四季如春、常年云雾缭绕、流水潺潺，因此具有适宜茶叶种植的地理条件和气候条件。岭头单丛茶质优且产量高，品质稳定，外形匀称，叶子色泽黄褐油润，叶底黄腹红边，柔软明亮；香气清高持久、茶味醇爽回甘、蜜韵显露；汤色明亮橙黄，耐冲泡，因而闻名遐迩。

历史渊源

1986年广东国宾集团公司在岭头创办单丛茶生产基地，面积达333万平方米。1988年广东省农作物品种审定委员会审定岭头单丛茶为茶树良种，岭头单丛茶也因此声名鹊起。1991年，由广东国宾集团有限公司策划的国宾茶新闻发布会在北京国际饭店举行，向国内外市场推介国宾单丛茶。2013年，岭头单丛茶被确认为农产品地理标志产品。

◎岭头单丛茶（杨培锋摄）

◎工夫茶（杨培锋摄）

◎岭头单丛茶茶园（饶平县地方志办供图）

链接

潮州市饶平县浮滨镇岭头村是岭头单丛茶的发源地。岭头村曾名雅豪，坐落在浮滨镇的西南部，始建于明英宗年间，至今已有500多年的历史。2015年末，总人口575人，主要为许姓。岭头村于1996年被命名为"中国岭头单丛茶之乡"，同时获得"全国造林绿化千佳村"称号；2010年被农业部确定为"全国茶叶标准园"创建单位。

◎岭头单丛茶茶树（杨培锋摄）

（供稿、复核：饶平县地方志办）

◎岭头村村貌（邓建忠摄）

潮州

原种狮头鹅

| 物产简介 |

狮头鹅原产于饶平县浮滨镇,是目前中国农村培育出的最大优良品种鹅。因该鹅种体壮、颈长,头部长有5个瘤,肉瘤可随年龄而增大,形态极似狮头,故称狮头鹅。其颌下肉垂较大,嘴短而宽,胸腹宽深,脚和蹼为橙黄色或黄灰色,成年公鹅体重约为10—12千克,母鹅9—10千克。年产卵量少,仅有25—35个,每个卵平均重约203克。此鹅种喜爱粗饲,食量大,生长迅速,体质强健,肌肉丰厚,肉质优良,可制成各种美味佳肴,其中以潮汕卤狮头鹅最为有名。

◎狮头鹅(饶平县地方志办供图)

◎湖中戏水(饶平县地方志办供图)

◎狮头鹅菜品(卓捷文摄)

历史渊源

原种狮头鹅经由溪楼村村民选育形成后,首先在饶平县内繁殖、饲养,接着相继传至潮安古巷、澄海月浦等地。在今汕头市澄海区,由于交通便利,鹅的品种来源较复杂,狮头鹅与当地原有的竹种鹅、漳州鹅等混杂,经过习惯经验性选择,养殖户选出体型和外貌特征接近狮头鹅的个体进行繁殖,逐渐形成目前饲养量最多的澄海系狮头鹅。

链接

溪楼村坐落在潮州市饶平县浮滨镇东北部的丘陵地带,始建于明万历年间。此地气候温和、雨量丰沛,土壤较肥沃,流水潺潺,自然环境优美,谷物丰盛,十分适合狮头鹅的生长。

(供稿、复核:饶平县地方志办)

潮 州

钱东盐焗鸡

物产简介

钱东盐焗鸡是具有广东特色的一道风味名菜。其选用老母鸡精心焗制，佐以中药材熬煮入味，经过近20道工序制成。其中最重要的工序是卤制盐焗，鸡肉要经过高温焗制，用耐高温复合蒸煮袋进行真空包装。制成成品后，经过科学严格的检验检测程序，确保达到无菌无病毒要求，才能进入市场。

◎无穷盐焗鸡翅（刘梦舒摄）

历史渊源

清末，饶平县钱东镇上浮山郭家泰开办家庭作坊，借鉴众家之长，优化制作技术和传承工艺，将潮汕地区特有的食品调料作为基础配料，甄选饶平出产的优质潮盐，研制出具有潮汕风味的盐焗鸡，备受青睐。20世纪末，上浮山村以郭家第四代传人为首的后代子孙在传统焗鸡的制法和配方上加以改进创新，并合资办厂，饶平县钱东盐焗鸡开始走向工业化生产之路。其

◎无穷盐焗鸡产品外包装（刘梦舒摄）

◎生产车间作业（饶平县地方志办供图）

中最负盛名的是上浮山村广东无穷食品有限公司的"无穷盐焗鸡"，获得"中国驰名商标"称号，其制作技艺被列入县级非物质文化遗产名录。2014年，钱东镇因出产特色盐焗鸡而被中国食品工业协会授予"中国盐焗鸡之乡"称号。

链接

上浮山村坐落于潮州市饶平县钱东镇东北部，始建于元末明初，至今已有650多年，面积达2.5平方千米。从1997年至2012年，该村先后获得全国"法治示范村""2006年度全民健身活动先进单位""人口和计划生育基层群众自治示范村""创建文明村镇工作先进村镇"，广东省"卫生村""文明单位""宜居示范村庄"等称号。

（供稿、复核：饶平县地方志办）

◎上浮山村村貌（饶平县地方志办供图）

潮州

双罗竹器

○竹篮（饶平县地方志办供图）

物产简介

双罗竹器最具代表性的产品是饭篮，饭篮在当地被称为"餐笭"，类似于现今多层饭盒，早期是送餐的工具。饭篮制作工艺相较而言更为复杂，从原材料的选择到编制，再到手绘花纹和图案，提笔写上诗句文字等，这一系列程序要耗费较长的周期。"七竹八木"是老师傅的口头禅，意思是七月砍的竹、八月砍的木最好，因为它不容易被虫蛀，且避免了太嫩的竹韧性不够、太老的竹容易折断的问题。选材恰到好处的双罗出品的饭篮可以使用几十年，甚至更长时间。随着时代变迁，其他材料制品逐渐取代了竹制品，并且竹制品的经济效益一般，年轻一代大多不愿意继承这一门手艺，现在日益萎缩。虽然竹制品越来越少，但并没有退出历史舞台，在传统祭祀、嫁娶活动中，村民依然会使用竹制器皿，它逐渐演变成传统民俗文化的一种象征，代表着双罗村的传统。

传统技艺

东山镇竹器制作已有数百年历史，其制作工艺十分精细。1根1厘米宽的竹篾，在竹器师傅的手中被分削成32根发丝般大小的竹丝，用于编制各式各样的工艺竹器，如此精细的手艺实在令人称绝。以竹编微型农具为例，其工序复杂烦琐，精细绝伦，经剖丝、切丝、剖削、磨光等几道工序后才能开始进入编织工序。还要经过选竹、锯竹、塑坯、踏底、绑藤、围脚、做盖等制作工序，每道工序里面还包括诸多细节、技巧。复杂的工序中，浸淫着坚定、踏实、精益

| 市面上的竹器 | 竹筐和竹扫帚 | 各种竹制品 |

◎竹器工艺作品（饶平县地方志办供图）

求精的工匠精神，手艺人把每一道工序都当成事业来做，把每一个作品都看成一个有生命、有灵气的生命体，用心进行交流。在手艺人眼里，只有对质量的精益求精、对制造的一丝不苟、对完美的孜孜追求。

链接

双罗村，曾用名双螺村，别名仙螺村，位于潮州市饶平县东山镇西北部，民风淳朴。始建于明天顺年间，已经有500多年的历史。村民主要为张姓。2015年，双罗村被省农业厅评为"广东省农民合作社省级示范社"。

（供稿、复核：饶平县地方志办）

◎双罗村村貌（饶平县地方志办供图）

揭 阳

揭阳酱油

| 物产简介 |

揭阳酱油,又称揭阳豉油,具有悠久的历史,是潮汕地区传统的调味佳品,也是潮汕地区的传统名产之一,以榕城区的酱油最受青睐。揭阳酱油精选优质大豆作为主要原料,沿用传统天然发酵工艺,配以16道以上的严密操作的工序,结合现代技术优化生产工艺,精心制作而成。在得天独厚的自然气候条件下,揭阳酱油具有色泽鲜艳、酱香鲜美、咸甜适口、经久耐藏等特点,

◎揭阳酱油(吴吉莲摄)

现已著有"榕江"牌等若干个酱油品牌,先后获得部优、省优称号,在潮汕、港澳及东南亚等地区备受欢迎。产品主要分为大众油、二级油、加料油、鲜味油、优等油、老抽、豉油精七种,其优良质量和独特风味广受消费者欢迎。

◎原料处理

历史渊源

远近驰名的揭阳酱油,其生产历史由来已久,但开始有一定的声誉可追溯到清道光年间,北洋乡人杨详坤以创制揭阳优质豉油为主开设了"杨财合"酱油作坊。生产的酱油鲜甜浓香、久藏不腐,特别是杨财合酱油精,畅销海内外。20世纪30年代,今榕城区境内已有20多家酱油作坊,但仍以"杨财合"最为著名,在相当长的一段时间内,原坐落于榕城韩祠路的"杨财合老铺"(现"杨财合"老铺位于望江北路)比起其他门市拥有更多的顾客。中华人民共和国成立后,以"杨财合"为主体的20余家酱油作坊实行公私合营,组建了揭阳酱油厂(后改名为揭阳市酱油厂有限公司)。2009年,揭阳酱油酿造技艺被列入省级非物质文化遗产名录。揭阳市酱油厂有限公司成为这项传统技艺的代表性传承基地。揭阳市酱油厂有限

◎瓶装酱油(陈仕怀摄)

公司在保留纯天然晒酿的传统发酵基础上,结合现代先进的生产设备,使得"榕江"牌酱油系列产品的质量及风味广受海内外消费者喜爱,是故乡情怀的传递者,亲友馈赠的佳品。

链接

揭阳酱油主产地揭阳市榕城区,位于广东省东南部,粤东潮汕平原中部,南接普宁市,北临榕江,西与揭东区相连,东近潮州市,素有"水上莲花"和"海滨邹鲁"之美誉。全区面积121.14平方千米,下辖仙桥、梅云、榕华、新兴、中山、西马、榕东、东升、东兴、东阳10个街道,为揭阳市的中心城区。

(供稿、复核:榕城区史志办)

揭 阳

揭西擂茶

◎揭西擂茶（李燕儿摄）

物产简介

揭西擂茶是揭阳一带的传统名食，体现着揭西客家人的文化习俗与待客之道，至今已有1000多年的历史。在南方的"擂茶"文化中，揭西擂茶仍保留着原汁原味的唐宋风韵，主要分为"净茶""菜茶""饭茶""米骨茶"和"焪米茶"，还分为正月初七的"七样菜茶"、元宵节的"十五样菜茶"以及春节期间的"米呈茶"。揭西擂茶的制作工具主要是木棍和陶钵，制作方法简单，但配料复杂，以大米或爆米花为主要原料，配以花生、芝麻、金不换或苦辣芯等多种材料精制而成。成品擂茶具有酸甜苦辣咸等多种味道，饮用时甘甜清爽，让人胃口大开，饶有风味。揭西擂茶营养丰富，既可作日常食品，又可作饮品，还可作药饮，广受海内外消费者喜爱。

◎揭西擂茶制作比赛活动（揭西县旅游局供图）

◎评委品评擂茶（揭西县旅游局供图）

传说故事

揭西擂茶历史悠久。相传，北宋时，潘美奉命征南汉，途经今揭西县河婆镇，士兵水土不服，上吐下泻，严重影响战斗力，将领们心急如焚，却又无可奈何。正当此时，一位名为何婆的妇女传授了一个秘方，用"三生汤"——擂茶治病。将士们按照她的吩咐，摘茶叶、挖生姜、碾米、找擂钵和棍子，并用她的秘方制成了擂茶。士兵们喝下滚烫的擂茶，蒙头就睡，次日大汗而愈。因用擂钵，故而人称擂茶。后来，征南汉的部队有一部分留下来屯田，于是擂茶不但在揭西县，而且在粤北、湘西、赣南等客家人聚居的地方流传下来，成为客家饮食民俗的一大特色。

◎游客体验揭西擂茶制作（揭西县旅游局供图）

链接

揭西擂茶盛行于揭西县各地。揭西县位于揭阳市西部，地处粤东莲花山南麓，潮汕平原西北部，南邻榕江，北靠丰顺县，是全国著名的革命老区，下辖16个镇和1个乡，总面积1365.375平方千米，总人口90多万人。揭西县是著名侨乡，祖籍该县的海外侨胞57.8万人。

（供稿、复核：揭西县史志办）

揭 阳

炮台南糖

在擀面皮中加入鸡蛋

淋完糖浆的南糖

切割南糖

◎ 南糖制作工序（炮台镇政府供图）

物产简介

炮台南糖是潮汕地区传统名糕点之一，产自揭阳炮台，生产历史已近百年。其选料上乘，主要以精面粉与鲜鸡蛋为原料，配以饴糖、砂糖、鲜肥猪肉等，稀饴糖配豆仁称为"豆仁南糖"（花生南糖）；配以鲜肥猪肉蛋面叫"蛋面南糖"。炮台南糖制作精细，工序复杂，通过搅拌、搓揉、碾磨、热燥等十几道工序制成，以香甜酥脆、肥而不腻、松软爽口等特点畅销各地，为佐茶的佳品。潮汕地区进宅、嫁娶、添丁、敬神、出花园等习俗都可见其身影。

历史渊源

炮台南糖的"南"字来源于潮汕地区方言，即"浇注"的意思，体现了制作南糖工序中将配制好的稀饴糖浇注在白铁盘或大木板上的"浇注"特点。20世纪初，炮台便已出现黄乾利、黄名利等10余家饼食作坊，比较出名的就是炮台"黄乾利蛋面南糖"及"黄名利豆仁南糖"，远销港澳地区和东南亚一带。30年代，炮台南糖凭借其独特风味与上乘质量成为风靡一时的名优食品，并载入《揭阳县志》。到了50年代初，炮台南糖进入繁荣时期，驰名省内外，跨进潮汕名产之列。1995年，经揭阳市推荐，被《中国食品》杂志收录，跻身于国家品牌食品行列。2011年，炮台南糖制作技艺被列入揭阳市非物质文化遗产名录。炮台南糖已成为一张地方物产文化名片，用百年的历史，将先人的智慧与汗水，同对后人的甜蜜祝福与期盼汇成这一文化名片。

包装南糖　　　　　　　装盒前的检查　　　　　　装盒

链接

揭阳市榕城区炮台街道，位于揭阳、潮州、汕头三市中心，东靠桑浦山，西南倚榕江，素有"潮汕明珠"之称。炮台距离广梅汕铁路揭东火车站4千米，国道G206线贯穿全境，其与登岗镇交界处有揭阳潮汕机场，交通便利，水陆空交通枢纽的地位也正在形成。炮台街道面积54平方千米，下辖11个行政村和1个社区，历来是潮汕区域的重要商品集散地，历史上曾是对外贸易的关口。

（供稿、复核：榕城区史志办）

◎炮台镇镇貌（炮台镇政府供图）

揭阳

揭阳乒乓粿

物产简介

乒乓粿，又称"槟醅粿"，是潮汕地区的特色民间风味小食。揭阳是其发源地，当地的乒乓粿也最具特色及代表性。乒乓粿由鼠麹粿发展演变而来，始作于晚唐时期，历史悠久。乒乓粿形状一般为扁圆形，做法讲究，粿皮半透明，粿胚是将新鲜的"鼠壳草"与一定比例的糯米混合磨成浆，蒸熟，加入少量白糖搓揉，配之以白砂糖、芝麻仁、花生仁、槟醅麸、葱珠油等为粿馅而制成。其中槟醅麸就是把糯谷用炭火烘焙或装在密封铁罐里爆炒，烤焙熟后，碾成粉末而成，带有一股特殊的谷物香味。成品乒乓粿可炸、煎、焗，一般食用时先用蒸笼蒸软，再放入炒锅用猪油略煎，外清、柔、软，内甜、香、脆，风味独特，广受欢迎。

◎乒乓粿（王文德摄）

历史典故

"乒乓粿"名字来源有两种说法：一是制其馅料槟醅麸时，糯谷在鼎中爆炒或经焗炉焗热膨胀时会发出"噼啪"的响声，类似打乒乓球的声音，遂将其命名为"乒乓粿"；另一说法是因外地人在揭阳买乒乓粿时，因"槟醅"与"乒乓"谐音，又名"乒乓粿"。

乒乓粿与明末揭阳先贤黄奇遇有着一段传奇的故事。黄奇遇（1599—1666）为"潮州后七贤"之一，在明朝覆灭之际，他回揭阳渔湖广美村，归隐乡间，自号绿园居士。传说，黄奇遇偶然在故乡品尝到家人做的鼠麹粿后，

◎新鲜乒乓粿底部（王文德摄）

◎盒装乒乓粿（王文德摄）

改进了原来的皮和馅，改进成现在的乒乓粿，后来又推广至店铺、客栈等，由此，乒乓粿广为流传。

1997年12月，在杭州举行的首届全国中华名小吃认定会上，揭阳市陈氏食品工业有限公司生产的洪志牌揭阳乒乓粿被中国烹饪协会评为"中华名小吃"。翌年，在揭阳市首届潮汕美食节上，乒乓粿被评选为"十佳潮汕小食"之首。近年来，揭阳乒乓粿口味不断创新，种类多样，成为一款闻名遐迩的地方小食。

链接

揭阳乒乓粿的生产地主要集中在揭阳市榕城区和揭东区，揭阳市陈氏食品公司位于揭东区。

◎真空包装乒乓粿（王文德摄）

（供稿、复核：榕城区史志办）

揭阳

靖海豆楫

◎靖海豆楫（惠来县地方志办供图）

物产简介

靖海豆楫（xū）作为揭阳市惠来县的特色名点，以惠来县靖海镇最负盛名。其选料讲究，制作程序复杂，主要以精选的花生仁、猪油、麦芽糖等为原料，经过炒制、捶打、搓压和切制四个步骤精制而成，因用料不同而有荤、素之分。成品的靖海豆楫为一寸左右的方块，外观呈浅黄色、中间加入的明糖呈深褐色，食用时外层的花生糖松而不散、内部的麦芽糖软而不粘牙，层次分明，配以潮汕有名的工夫茶，更是让人回味无穷。靖海豆楫以香甜不腻、质软可口、色香味俱全的独特风味而享誉海内外，在国内外市场上广受欢迎。

◎记者采访豆楫制作（方义生摄）

◎靖海豆楫制作——捶打（方义生摄）

链接

靖海镇隶属揭阳市惠来县，位于南海之滨，历来是惠来的重点圩镇，粤东地区的海防前哨和屯兵要地，距离惠来县城26千米，形似半岛，是汕头至汕尾东西海域的转折点，往来于汕头与汕尾的船只的必经之地。靖海镇面积约50平方千米，建城于明嘉靖二十八年（1549年），便利的海洋交通条件和独特的地理位置，赋予了靖海作为古代海上丝绸之路的重要地理坐标的身份，使其成为外来人口集中的地方，构成当地独特的百家姓现象。

◎靖海镇镇貌（惠来县地方志办供图）

（供稿、复核：惠来县地方志办）

揭 阳

普宁豆酱

◎ 普宁豆酱（詹燕宝摄）

物产简介

普宁豆酱是潮汕地区久负盛名的传统豆制品，其酿制和食用迄今已有450年以上的历史，其中洪阳镇的豆酱制作技艺最好，已有150多年的生产历史。普宁豆酱选材讲究，以新鲜优质黄豆、面粉、食盐等为原料，泡蒸（煮）熟后通过天然发酵、晒制、蒸汽杀菌等10道工序精制而成，成品豆酱呈金黄色，味道咸鲜带甘，是烹煮调味、潮菜、粤菜的上好佐料，畅销国内外。

历史渊源

酿制发酵豆制食品技艺在汉代就已形成和流传。普宁居民很早就已掌握该传统技艺，直到明嘉靖四十二年（1563年）普宁置县，人们才把当地酿制的豆酱叫作"普宁豆酱"，且以洪阳区域的生产技艺最佳。据《普宁县志》《普宁洪阳供销志》记载，明末清初，普宁出现专门生产豆酱的酱园，开始实现规模化生产和销售，如洪阳县城民间就先后建立起几家酱园，到了民国时期已发展到10多家酱园。20世纪50年代酱园形成集体化经营，合兴、裕记等12家商号组成联营社，年产豆酱1100担。改革开放后，普宁豆酱产量大增，远销香港和东南亚等地，最高年出口量18万千克。80年代以来，普宁豆酱屡次获奖，1986年培峰宝塔牌豆酱在汕头市商办工业产品展销会产品质量评比中获优秀产品第二名，1987年在广东省工业协会、食品协会联合举办的酱料行业产品质量评比中获优秀奖。普宁豆酱制作技艺在2009年被列入广东省第三批非物质文化遗产名录，位于普宁市洪阳镇的松兴酱油厂厂长郑楷松为代表性传承人。

◎瓶装普宁豆酱（詹燕宝摄）

链接

普宁市位于揭阳市中部，面积1620平方千米。2017年辖7个街道、17个镇、1个乡、3个国有农场，户籍人口245.47万人，常住人口210.7万人。是中国青梅之乡、中国青榄之乡、中国蕉柑之乡、中国民间文化艺术之乡和中国纺织产业基地市、中国中药名城。

（供稿、复核：普宁市地方志办）

◎洪阳镇镇貌（洪阳镇党政办供图）

云浮

云浮南乳花生

物产简介

云浮南乳花生是云浮丰收乡横岗村（现丰收行政村陈屋村）陈氏独创的一种食品，始创于清同治九年（1870年），是聚会、下酒、休闲、品茶的小吃及送礼佳品。南乳花生挑选当地优质饱满的花生仁，用独制秘方将花生浸泡去除涩味，再用配上五香粉、八角、南乳、大蒜、葱等香料的猪骨汤泡制，晾干之后将花生置于锅内煮熟，制成独具风味的小吃。

历史渊源

南乳花生最早是由陈氏以自制秘方和本土方法制作，在乡间出售。直到1942年，陈仕良继承前辈传统秘制配方，在丰收陈屋村开办一小商店，自制销售南乳花生，后因故停产。1980年，陈氏传人将南乳花生的秘方交给当时的丰收大队生产，当时产品主要在丰收大队及云城镇销售。此后，南乳花生成为丰收的一大特色产品。

1989年5月，南乳花生第四代传人陈铁生向有关部门申请，将云浮南乳花生制作工厂注册

◎南乳花生及衍生系列产品（云城区史志办供图）

◎陈屋村村貌（云城区史志办供图）

为"云浮市丰收惠康食品厂"，将原来的云浮南乳花生改为"云浮铁生牌南乳花生"。产品销售遍及云浮与珠三角地区，并销往港澳。2007年，云浮市丰收惠康食品厂被云浮市人民政府评为"农业龙头企业"；2008年，南乳花生被评为"云浮十大名优旅游土特产"。铁生牌南乳花生还多次在国际、国内展销会参展。

链接

丰收村位于云浮市云城区云城街道，紧挨新中村、罗沙村、天马社区、城西村。村内有服装厂、地毯厂、丝织厂、食品厂、农机修造厂等企业，主要农产品有小胡萝卜、沙果、菊花菜、美国香瓜等，自然资源有刚玉、黄铁矿、辰砂、铁矿等。

（供稿、复核：云城区史志办）

◎丰收村村貌（云城区史志办供图）

云 浮

云浮硫铁矿

◎硫铁矿石（云城区史志办供图）

物产简介

云浮硫铁矿是我国最大的硫铁矿矿山，已探明硫铁矿储量为2.08亿吨，其含矿量"亚洲第一，世界第二"，是我国最大的硫铁矿生产基地和硫精矿出口基地，素有"东方硫都"的美誉。云浮硫铁矿矿厂位于云浮市云城区高峰街道大降坪村。

◎矿坑作业区（云城区史志办供图）

◎云硫集团（云城区史志办供图）

历史渊源

1979年，云浮硫铁矿项目作为国家"六五"计划重点建设项目之一，开始大规模兴建，于1988年1月建成投产。2010年3月，整体改制为云浮硫铁矿集团有限公司，是广东省广业资产经营有限公司旗下一级企业。该公司属下拥有年产300万吨矿石的露天矿，年入选与破碎原矿各150万吨的选矿厂，年产18万吨硫酸和20万吨磷肥的化工厂以及年产6000吨的铁红厂和年产3000吨的磁材厂。产品远销日本、韩国、英国、意大利、波兰等多个国家。

链接

高峰街道位于云浮市云城区西部，清同治年间设岑岗堡，1936年为岑岗乡，1952年设高峰乡，1978年分设云浮硫铁矿矿区公社，1994年改街道，面积48平方千米。

（供稿、复核：云城区史志办）

◎云硫公园一角（云城区史志办供图）

云浮

云石

物产简介

云石，即云浮石材，因产于云浮，故名。云石和端州砚石、信宜玉石、英德英石并称为广东四大名石。云石黑白相间，条纹清晰，似河川山溪，似浮云轻雾，如人物、花卉、鸟兽、仙佛等，是高档家居装饰品。云石的化学成分为碳酸灰质结晶体，由石灰岩经过千百年地质演化而成。其装饰价值极高，最常见的是用来做围屏、插屏、挂屏或屏风，用来点缀厅堂。云石工艺品的底部，一般用高档硬木框承托，如紫檀、红木、花梨木、黄杨木、楠木、樟木等。1999—2017年，在云浮举办了第十四届全国石材产品展销会、石文化节，吸引国内外石材企业前往参加，云石已成为云浮靓丽的名片。云浮也因此获得"中国石材基地中心""中国石材流通示范基地""中国人造石之都""中国民间文化（石雕）艺术之乡"等荣誉称号。

历史渊源

在云浮市，有个"愚公移山"的故事。400多年来，当地人挖山不止，竟将一座方圆数里、高数百米的大石山铲平，只剩下一大一小两个"小不点"，就像两座雕像矗立着，见证着沧海桑田。现存的两座"小石山"，面积约860平方米，是当年出产著名的代号为"401""402"云石板材的云浮石料开采遗

◎云石作品（云城区史志办供图）

◎云浮国际石材博览中心（云城区史志办供图）

◎云玉石艺（云城区史志办供图）

址，也是云浮最早、最大规模开采云石的地方。该遗址是最能见证云石生产的发展壮大、体现云石开采工艺之处，具有一定的历史价值。2012年，该遗址被公布为广东省文物保护单位。

链接

最早开凿云石之地为今云浮市云城区云城街道牧羊村。400年前，石匠在此开山凿石，使该村成为中国最早的石材产业发源地之一，有"云石之乡"之称。村里国道G324线及牧羊路贯通，交通便利。牧羊路是名副其实的云石一条街和玉石一条街，短短的几千米路段，云石台板材、台、凳、茶几及云石工艺品琳琅满目，有名玉藏家、玉通天下工艺城、牧羊工艺中心、云浮玉石工艺城等玉石市场。村中大部分村民参与石材加工和经营。

（供稿、复核：云城区史志办）

◎云石遗址公园（云城区史志办供图）

云 浮

茶洞擂茶粥

物产简介

茶洞擂茶粥有400多年的历史,是云浮市云安茶洞的特色食品。擂茶粥含丰富的材料,包括砂仁、风姜、茶叶、茴香、陈皮等,制作时将材料擂碎后再加入花生碎,最后倒入粥中拌匀制成擂茶粥。此粥有淡淡的茶香,加上香脆的花生,口感更佳。2006年12月,茶洞擂茶粥被云安县列入非物质文化遗产名录;2007年2月,被列入云浮市非物质文化遗产名录。

历史典故

相传明万历年间,抗倭名将陈璘率领3000大军,围剿盘踞在茶洞一带为害百姓的草寇陈东瓜,村民们奔走相告,商议着要拿出自家美食犒劳陈璘大军。可是,要犒劳三千大军非常不容易,更何况在兵荒马乱的年代,能解决温饱已是万幸,何来美食可言。村民拿出仅有的糙米煮粥,为了增加糙米稀粥的分量,将茶叶、花生、茴香、小葫、八角、砂仁、生姜、果皮等材料捣碎,加入稀得能照见人影的粥里,端给陈璘大军的士兵们享用。没想到,喝了这种粥,士兵们顿觉胸腹间滞气全消,精神百倍,浑身充满力量。陈璘得知这种美食尚未命名,沉吟道:

◎擂茶粥(云安区地方志办供图)

◎擂茶粥原料（云安区地方志办供图）

"以茶叶擂碎拌之，可称茶粥；消暑去滞，补中益气，使人浑身充满力气，像给我们擂鼓助威一般，何不就叫'擂茶粥'！"从此，陈璘的军队里多了一道美食——擂茶粥，茶洞擂茶粥从此声名远扬，成为云浮地区的著名美食。

◎擂茶粥制作（云安区地方志办供图）

链接

根竹村是茶洞行政村下辖的自然村，是茶洞擂茶食品流行地，曾用名根竹围，位于云浮市云安区石城镇东北部，距镇政府约15千米。该村东连新塘村，南达平江村，西至上洞东山村，北接燎原石脚围。2015年末，户籍人口266人，其中男性134人，女性132人，实际在村人口216人，世居村民为李姓，汉族，属广府民系。

◎擂茶粥加工工具（云安区地方志办供图）

（供稿：石城镇政府；复核：云安区地方志办）

云浮

杨柳黑皮大冬瓜

◎杨柳黑皮大冬瓜（云安区地方志办供图）

物产简介

杨柳黑皮大冬瓜，是云安区都杨镇物产，皮质光滑、皮薄肉厚、产量高、瓜形好、肉鲜嫩，久煮无酸味。杨柳大冬瓜可新鲜烹食，也可制成冬瓜干、脱水冬瓜和糖渍品等，其种子和瓜皮是很好的中药材。杨柳大冬瓜的品种为黑皮冬瓜，嫩瓜青绿色，成熟瓜为黑色，呈炮弹形。该品种为中晚熟品种，瓜长60厘米左右，横径20—25厘米，肉质厚无空心，耐运输，无须使用任何保鲜剂可保鲜6个月，单瓜一般重10—15千克，最重的25千克以上，亩产一般在5000千克以上，高产者有1万千克以上。

历史渊源

1957年春,都杨镇石巷村人潘环桂从海南带回黑皮大冬瓜种子试种,当年亩产7500千克。此后整个杨柳乡的群众纷纷大面积种植黑皮大冬瓜,尤以石巷、蟠咀为主。优良的品种以及该地优质的土壤,又经过当地瓜农60多年的种植实践探索,成就了杨柳大冬瓜这张"地理名片"。杨柳黑皮大冬瓜于20世纪60—70年代曾销往港澳,被香港、澳门称为"杨柳大冬瓜"。80—90年代,大量杨柳黑皮大冬瓜销往北方,当时种植面积达133万多平方米,收购价格达1元/千克,亩产值达7500元。2001年,杨柳大冬瓜被评为云浮市农业名牌产品。

◎石巷村鱼塘(云安区地方志办供图)

链接

石巷村是革命老区村,位于云浮市云安区都杨镇中部,距镇政府约5千米,是都杨镇人口最多的行政村。石巷村下辖江贤、端仁里、庆仁里、陈组、黎屋、子江、塱延、太塘、格塘9个自然村,面积约10平方千米,有水田面积176万平方米、山地面积640万平方米,盛产黑皮大冬瓜。

(供稿:都杨镇政府;复核:云安区地方志办)

◎石巷村村貌(云安区地方志办供图)

云浮

郁南无核黄皮

物产简介

郁南无核黄皮原产于郁南县建城镇，存有2株无核黄皮母树，已有近百年的树龄，长势旺盛，硕果累累。1960年，郁南无核黄皮在广东省水果资源普查时被发现，经专家确认，属广东省优稀水果。郁南无核黄皮果形为鸡心形，果肉黄白，嫩滑，多汁无渣，无核率达95%，是数十种黄皮品种中的珍品。该黄皮用途广泛，果实除鲜食外，还可加工制成果酒、蜜饯、果脯、果酱、果冻、果饼和具芳香特色的清凉饮料，此外还有很好的药用价值，具有消食健胃、理气健脾、生津解渴等功效。2004年，郁南无核黄皮被确认为国家地理标志产品。

历史渊源

经过调查研究考证，郁南无核黄皮原种母树是由郁南县建城镇人曾乃桢带来的。1934年其卸任乐昌县县长回家乡兴建别墅"千园"时，同僚赠送一批优良水果品种植于"千园"内，其中2株黄皮经过自然突变，成为无核黄皮。20世纪60年代，"千园"中的这两株无核黄

◎无核黄皮（郁南县地方志办供图）

◎无核黄皮生产基地（郁南县地方志办供图）

皮被确认为广东省优稀水果后，郁南以此为母树，嫁接培养出新种苗并推广种植。两株母树一大一小，到如今长势良好，挂果累累。

链接

云浮市郁南县是无核黄皮原产地，位于广东省西部、西江中游南岸。经过此地的重要交通线有南宁—广州高速铁路、广州—昆明高速公路、云浮—罗定高速公路。该县传统文化活动丰富，当地人的八音、舞狮舞龙、连滩曲艺、武术、平台麒麟歌、纸扎工艺、指画艺术造诣极高。

◎建城镇牌坊（郁南县地方志办供图）

◎无核黄皮母树石碑（郁南县地方志办供图）

◎"国家地理标志产品"牌匾（郁南县地方志办供图）

（供稿：郁南县农业农村局；复核：郁南县地方志办）

云浮

庞寨黑叶荔枝

物产简介

庞寨黑叶荔枝，又名乌叶荔枝，是云浮市郁南县宝珠镇物产，国家地理标志产品。该品种荔枝叶色浓绿近黑，故称黑叶，又因荔枝种植起源于庞寨村而得名庞寨黑叶荔枝。此荔枝果大核细，皮薄肉厚，果壳鲜红美丽，去壳后纸包过夜不湿，结实如冻膏、果肉雪白，入口爽脆、清甜、无渣，香气浓郁，是西江一带久负盛名的名品佳果。荔枝树多种植于池塘边以及河边的沙坝土质地中。

历史渊源

郁南县宝珠镇种植庞寨黑叶荔枝已有500多年的历史。据民国版《西宁县志·卷十四·果类》记载："荔枝出自连成垌、庞寨等处者以黑叶一种为佳，产量亦高，销售颇有名……"黑叶荔枝是岭南佳果中的佳品，有"岭南珍果"之美誉。庞寨黑叶荔枝的故事和传说，在当地广为流传，现今存留的赞颂庞寨黑叶荔枝的楹联、山歌、诗词、民间故事以及书画作品数不胜数，有文人撰写出"荔枝枝枝枝吊水，菱角角角角朝天"的诗句赞美庞寨黑叶荔枝丰收时的场景。

◎黑叶荔枝（郁南县地方志办供图）

◎黑叶荔枝挂果（郁南县地方志办供图）

链接

庞寨村坐落于云浮市郁南县宝珠镇北部，距圩镇1千米，东与建城镇地心行政村及大历行政村相邻，南与宝珠镇宝珠行政村相接，西与建城镇便民行政村相连，北与建城镇永同行政村相接，距离广梧高速建城出入口约3千米。庞寨村以明朝官员、学者庞嵩的姓氏命名。庞嵩辞官后到西宁县（今郁南县）讲学，落籍建城，他的后人定居于此地建村，取名为庞寨村。2016年9月，该村被评为"全国一村一品示范村"。

（供稿：宝珠镇政府；复核：郁南县地方志办）

◎庞寨村村貌（郁南县地方志办供图）

云浮

罗定剪纸

物产简介

罗定剪纸艺术，产生于民俗活动。凡举办民间灯彩活动，灯彩上的花饰、扇面上的纹饰，以及刺绣的花样等，罗定人都利用剪纸进行装饰。剪纸依附于民俗，寄托了劳动人民的美好情感，表达了对自然、对生命、对生活的热爱和追求。罗定剪纸，极为讲究。剪纸每幅大小有对开、四开、八开，最大的长1米、宽70厘米。剪纸的用途有：喜庆吉祥剪纸，节

◎《安装天线》（罗定市地方志办供图）

◎《割麦子》（罗定市地方志办供图）

◎《瓜棚下学针灸》（罗定市地方志办供图）

◎苹塘镇周沙村田园风光（苹塘镇政府供图）

◎罗定剪纸（罗定市地方志办供图）

日、送庚、婚庆、寿诞用；花鸟剪纸，室内美化用；人物剪纸，有成年人和儿童题材，校园张贴美化用；行、草、楷书标语和对联，布置居室、学习园地。剪纸的过程，分为画样、纸坯制作、刻制、染色、分拣与包装等六步。罗定剪纸艺人主要分布在苹塘良官、谈礼、澳塘、瑞平、圩镇一带。

历史渊源

据传，罗定剪纸起源于唐朝，兴于明清时期。2014年7月，罗定剪纸艺术被列入云浮市第四批非物质文化遗产名录。

链接

苹塘镇位于云浮市罗定市东部，距城区25千米，东面与金鸡镇相邻，南面与华石镇相邻，西面与围底镇相邻，北面与云安区的镇安镇、白石镇和郁南县的河口镇交界。全镇总面积88.4平方千米，下辖11个行政村和1个社区。

（供稿：苹塘镇政府；复核：罗定市地方志办）

云浮

罗定肉桂

◎肉桂取材（罗定市地方志办供图）

物产简介

罗定肉桂，简称罗定桂，与怀集木、广宁竹并称广东三大山林特产。罗定肉桂被称肉桂之上品，桂味甘甜、辣味适中。桂皮呈槽状或卷筒状。外表面灰棕色，有不规则细皱纹、小裂纹及横向突起的皮孔；内表面红棕色或暗红棕色，略光滑，有细纵纹，划之显油痕。质硬而脆，易折断，断面稍带颗粒状，外侧棕色，内侧红棕色且油润。罗定肉桂用途广泛，除入药外，其皮、枝、叶、花、果及树干均可被利用。皮可作食用香料，枝和叶可蒸桂油作工业原料，树干可作高级家具、筷子、牙签的原材料。2008年罗定肉桂被确认为国家地理标志产品。2013年，罗定肉桂被评为"广东十件宝"之一。

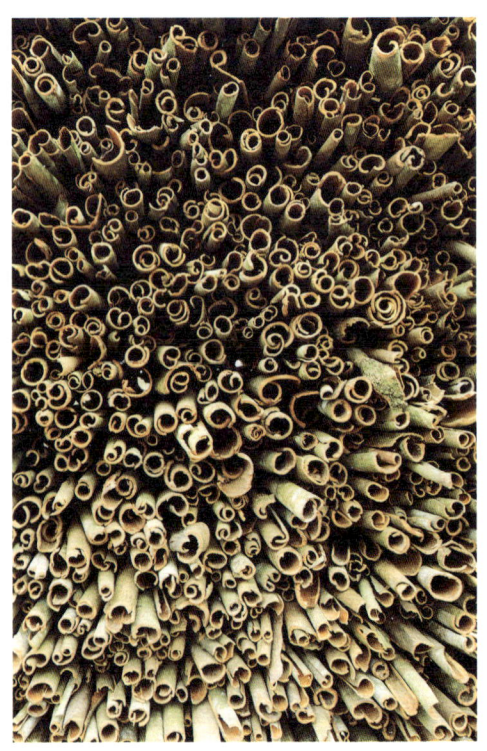
◎罗定肉桂（罗定市新闻中心供图）

◎肉桂叶（罗定市地方志办供图）

◎肉桂树（罗定市地方志办供图）

历史渊源

罗定市䁔滨镇山河村，从明代村民迁入时始就种植肉桂，随着南北文化交流增多，罗定肉桂更加广为人知。明清时期，罗定州城设有肉桂产品销售商铺，桂皮、桂油已有少量出口。到了晚清，罗定肉桂已享誉海内外。清康熙二十六年（1687年）版《罗定州志》记载，当时罗定林木特产有枫树、樟树、桂树等14种，其中桂树排位第4，排在松树之前，可见当时种植肉桂已有相当规模。中华人民共和国成立后，特别是改革开放后，罗定肉桂种植快速发展。2015年，肉桂种植面积7800多亩，按市场价每亩可收益2000元，年产值达1560万元。种植肉桂是当地群众主要经济收入来源，当地人称肉桂树是"摇钱树"，罗定也被评为"中国肉桂之乡"。

链接

山河村位于云浮市罗定市䁔滨镇东部，距离罗定市区16千米，罗岑高速公路、罗岑铁路及国道G324线贯穿其中。全村面积1050万平方米，其中耕地180万平方米，水田48.7万平方米，山林面积821万平方米，森林覆盖率81%。

◎肉桂晾晒（罗定市地方志办供图）

（供稿：䁔滨镇政府；复核：罗定市地方志办）

后记

2018年，广东省人民政府地方志办公室对全省自然村落历史人文普查工作成果进行初步的开发利用，组织编撰"广东名村系列丛书""广东乡村集萃系列丛书"，选取部分特点突出的历史文化村、特色产业村、美丽乡村、红色文化村、教育强村、经济强村等广东名村，以及特色建筑、民俗、物产、人物、技艺、传说等广东特色集萃，试图搭建普查资源结构化展示的雏形。两套丛书编撰出版工作按计划分步实施，经过半年多的努力，首批编撰的《广东历史文化村》《广东美丽乡村》《广东特色产业村》《广东红色文化村》《广东物产》和《广东特色建筑》即将面世。丛书初稿由全省各级地方志工作机构组织撰写与推荐，并由仲恺农业工程学院师生按照一定标准，对征集资料进行再度评选和编撰。丛书使用的图片主要采用各地报送和丛书项目组拍摄的图片，网络图片均来自官方网站。

编撰出版过程中，得到各方的支持。各级地方志工作者克服时间短、任务重的困难，从浩瀚的村落普查资料中，挑选推荐出广东名村和特色项目；仲恺农业工程学院师生认真统稿、严格把关；华南理工大学出版社积极配合、高效运作；省情专家陈泽泓精心指导，张莹全程参与。同时，对本书文稿和图片提供者，一并感谢。由于成书仓促，错漏难免，敬请读者不吝赐教。

丛书编辑部
2018年12月